우주소년 마틴

대한과학진흥회 엮음

스완미디어
SWAN MEDIA

책 머리에

오늘날 우리들은 고도로 발달된 과학 문명의 혜택 속에 살고 있습니다.

우리의 선진 조국 창조를 위해 무엇보다 중요한 것이 과학 기술의 개발입니다. 특히 자원이 부족한 우리나라에서 가꾸어야 할 유일한 자원은 과학 기술로 무장한 풍부한 인력 자원입니다.

대한 과학 진흥회에서는 배우는 학생들을 위해 사물을 깊이 관찰하는 습관과 합리적이고 창의적인 과학적 사고를 심어 주기 위한 방법의 하나로 과학 문고를 엮어 내고 있습니다.

과학 문고를 펴냄에 있어서 딱딱한 과학지식을 그림을 곁들여 쉽고 재미있게 이야기로 풀어 써서 학생들이 스스로 원리를 발견하고 재미를 느끼게 함으로써 과학의 여러 분야에 대하여 흥미를 갖고 접근할 수 있도록 하였습니다.

이 책과 더불어 많은 학생들이 과학에 깊은 관심을 갖고 탐구심과 창의력을 기르며 과학을 생활화 할 줄 아는 사람이 되는데 많은 도움이 되었으면 하고 바라는 마음 간절합니다.

기획편찬 **대한과학진흥회**

차례

101

유령의 집과 이상한 소년

"데이비드, 누군가 우리를 노려보고 있는 것 같지 않니?"

"그래, 맞아. 나도 아까부터 목이 근질거려서 말야."

존과 데이비드는 서로 상대방의 책가방을 들어다주는 것을 내기로 걸고 눈싸움을 하고 있는 중이었다.

그런데 무언가 따가운 것이 목덜미에 와 닿는 걸 느꼈던 것이다. 서로 노려보던 두 소년은 한창 열을 올리던 눈싸움을 끝내고 주위를 돌아보았다.

"앗! 저기 ……."

오른쪽 빈터에 또래로 보이는 낯선 소년이 뚫어지게 이쪽을 쏘아보고 있었다.

"웬놈이지? 건방진 녀석, 그런데 처음 보는 얼굴 아냐?"

소년은 이쪽에서 쳐다보자, 휙 몸을 날려 바다 쪽으로 달아났다. 어찌나 날렵한지 꼭 가볍게 날아가는 가랑잎 같았다.

"저자식 겁쟁이 아냐! 별난 놈이다."

데이비드는 김샜다며 제 가방을 둘러메고는 휘파람을 불며 가버렸다. 혼자 남은 존은 이상하게 소년의 모습이 마음에 끌려, 소년이 달아난 바다 쪽을 향해 내리막길을 천천히 따라 내려갔다.

두세 번 길모퉁이를 돌아가자, 동백나무로 둘러싸인 커다란 건물이 하나 보였다. 그집은 도로보다 낮은 곳에 자리하고 있어서, 지붕이며 정원이 훤히 내려다보였다. 꽤 넓은 정원에는 정원수들이 여기저기 서 있었고, 연분홍빛 꽃이 융단을 깔아놓은 듯 가득피어 있었다.

건물은 얼마나 오래되었는지 곰팡이 냄새가 풍겨올 것 같았으며, 고풍스런 녹슨 양철 지붕이 저녁 햇빛에 둔하게 빛나고 있었다.

일층의 차고는 철문이 내려져 있었고, 마당에서 곧바로 올라가게 되어 있는 이층의 베란다엔 화분에 담긴 늘푸른떨기나무가 힘없이 서 있었다. 사람이 살고 있는 기색이라곤 전혀 없어 보였다.

"유령이 사는 집인가? 저 집도 곧 철거되겠지."

오스트리아 제일의 상업 도시 시드니. 이곳은 지금 새로운 도시 건설이 한창이라 오래된 건물들을 헐어 내고 있는 중이었다. 내려다 보이는 저 집의 사람들도 곧 헐어질 집을 비우고 다른 데로 옮겨갔을 것이다.

어디선가 개 한 마리가 나타나 층계를 뛰어오르더니 베란다 한쪽에 놓여 있는 하얀 그릇에 머리를 처박고 무언지 맛있게 먹기 시작했다.

"이상하다? 저 유령의 집에 사람이 살고 있단 말인가? 아니면 들개인가"

이층 베란다 창문의 유리창이 반쯤 열려 있는 게 보였다. 호기심에 사로잡힌 존은 유령의 집을 탐색해 보기로 했다. 담 위에 철조망이 둘러쳐져 있었지만, 군데군데 허물어진 데가 있어서 손쉽게 집 안으로 들어갈 수 있었다. 마당에 들어서자 흰 개가 달려와서 존의 냄새를 킁킁 맡았다.

"나, 수상한 사람 아냐. 여기 살고 있다면 안내를 좀 해주는 게 예의 아니냐?"

개는 존의 말을 알아들었는지 꼬리를 흔들면서 이층 베란다로 오르는 층계를 앞서서 올라갔다. 밖에서 보던 것보다 으스스한 게 당장이라도 귀신이 튀어나올 것 같은 음산한 분위기였다. 층계는 보기보다 훨씬 낡아 있었다.

"이건 위험한데. 잘못하면 무너지겠어. 역시 이 집은 빈 집인가 보다."

존은 살얼음을 타는 기분으로 조심조심 층계를 올라 거실 쪽으로 난 창문을 들여다 보았다. 매캐한 곰팡이 냄새가 코를 찔렀다. 마루에는 먼지가 겹겹이 쌓여 있어서 개가 꼬리를 흔들 때마다 부옇게 먼지가 일었다. 어떻게 된 건물인지 내부에서는 아래층으로 내려가는 층계가 없었다. 베란다 층계로 다시 내려와서 한 귀퉁이에 보이는 출입문으로 들어가 보았다. 어둑한 차고엔 빈 가스통과 낡은 난로, 그리고 못쓰게 된 타이어들이 쌓여 있었다. 바닥에 버려져 있는 걸 주워 보니 수퍼마켓 포장지였다.

"새것인데, 그렇다면? 누군가 개까지 기르며 여기서 살고 있단 말인가?"

가슴이 두방망이질치기 시작했다. 구석에 대여섯 장의 그림이 흐트러져 있는 걸 살펴 보니 노랑, 빨강, 파랑, 초록의 원색을 써서 기묘한 동물과 나비를 그린 그림이었다. 너무 엉터리 그림이었다.

'이 집에 살고 있는 사람의 그림일 텐데……. 정신병자인가?'

무서운 생각에 벌레라도 떨어 버리듯 들고 있던 그림들을

팽개치려는데, 갑자기 뒤쪽에서 쉿소리 같은 카랑카랑한 소리가 들려왔다.

"여기서 도대체 무얼 하고 있는거야?"

존은 깜짝 놀라 획 돌아보았다. 짧은 치마를 깜찍하게 차려입은 제 또래로 보이는 소녀가 서 있었다. 갈색 눈의 소녀는 나무라듯 노려보았다.

"왜 여기서 얼쩡거리는 거지? 무얼 하려구?"

존은 놀란 것에 화가 나서 퉁명스럽게 대꾸했다.

"무슨 상관이야. 네가 뭔데?"

"난 너를 벌써 열흘 동안이나 지켜보고 있었단 말야."

"뭐 열흘이라구? 네 눈이 천리안이라도 된단 말이냐? 우리 집은 여기서 2킬로미터나 떨어져 있는데, 그래 나를 지켜봤단 말이지."

"농담하지마. 우리 집은 바로 저기란 말이야."

소녀는 골목 건너편에 있는 붉은 이층집을 가리켰다.

"난 매일 이층의 내방에서 널 보았어. 넌 하루 종일 이 집 안을 돌아다녔지 않아?"

도무지 모를 소리였다.

"네가 어떻게 생각하든 난 오늘 이 집에 처음 왔어."

"네가 아니면 도대체 누구였단 말이니?"

소녀는 이상한 듯 고개를 갸웃거리고는 좀 누그러진 목소리로 말했다.

"그게 뭐니? 이상한 그림이잖아……."

"엉터리야. 차고 바닥에 버려져 있었어."

소녀는 존이 내미는 그림을 받아 펼쳐 보았다.

"대단한 솜씨다! 이걸 엉터리라고? 너 미술 점수가 얼마나 엉망인지 알아보겠다."

소녀가 깔보는 듯이 말했으나, 존은 그것보다 호기심이 앞섰다.

"너, 아까 그게 무슨 말이니? 누군가 하루종일 이 집 안을 돌아다녔다는 얘기 말야."

"네가 그 장본인이 아니었다면, 증거를 보여줄게. 이리 와 봐."

곱슬머리 소녀에게 끌려 건물 뒤쪽으로 돌아가니 온갖 잡동사니가 쌓여 있고, 한 구석에 나무로 지은 오두막이 보였다. 오랜 동안 사람의 손길이 닿지 않아서 건들면 폭삭 무너질 것처럼 낡고 초라한 건물이었다. 안으로 들어가자, 나무 썩은 듯한 냄새가 코를 찔렀다.

소녀는 한쪽에 놓여 있는 통조림통을 들어 냄새를 맡았다.

"이거 봐! 아직 상하지 않은 고기가 반 이상이나 남아 있다."

"옳아, 이건 베란다에서 개가 먹던 거하고 똑같은 거다. 그렇다면 여기서 살고 있는 사람은 이 생선 통조림으로 개를 기르고 있다는 얘기가 되는데……."

소녀는 존이 그 수수께끼의 장본인이 아니라는 걸 깨달은 모양이었다.

"그러니까 이 흰둥이는 열흘 전부터 이 집에 살고 있는 그 수수께끼의 사람과 함께 살게 된 거로구나. 개가 말을 할 줄 안다면 궁금한 걸 풀어 줄 텐데…….”

소녀가 얘기라도 하듯이 꼬리를 흔들며 따라온 개의 머리를 쓰다듬자, 흰둥이는 말을 알아듣기라도 한 것처럼 휙 돌아서서 꼬리를 흔들며 차고 쪽을 향해 뛰었다.

흰둥이는 셔터가 내려진 차고 문에 몸을 마구 부딪치며 무섭게 짖어댔다. 그러자 안에서 야단치는 것 같은 소리가 들리는 것 같았고, 이어서 흰둥이는 잠잠해 졌다.

“얘, 지금 무슨 소리가 나는 것 같지 않았니?”

“그래, 그런 것 같았어. 그런데 얘, 쟤 하지 말기다. 내 이름은 존 아담스야. 그리고 열 한살이야.”

“그래, 난 캐시 브린블이라고 해. 너와 동갑이다. 그런데 무슨 소리였지?”

“캐시, 우리 이 차고 속을 탐색해 보자.”

“그래, 좋아! 설마 귀신 도깨비야 나올라구…….”

차고 한쪽에 붙어 있는 문을 밀치자, 어둠침침한 내부가 다가왔다. 금방이라도 무엇이 튀어나올 것 같아, 바짝 긴장 한 채 구석구석 살폈으나 아무것도 발견할 수 없었다.

“분명히 무슨 소리가 났는데……. 이상하다……?”

벽쪽에서 덜커덕 하는 이상한 소리가 났다. 두 사람은 흠칫

동작을 멈추고 놀란 눈으로 소리나는 쪽을 응시했다.

"저기야!"

놀란 캐시가 숨죽인 소리로 구석에 놓여 있는 철제난로를 가리켰다.

"저 난로 속에 누가 숨어 있는거야. 숨어서 우리를 지켜보고 있는거야."

"주둥이가 너무 좁잖아. 백설공주에 나오는 난쟁이라면 몰라도, 저런 좁은 난로 주둥이로 누가 들어간단 말이니?"

그때, 난로 안에서 파란 불꽃이 일다가 순식간에 꺼져 버렸다. 눈의 착오이었을까? 차고 안에 누가 있었음이 분명했다. 출입구는 하나뿐인데, 그렇다면 수상한 사람은 이 차고 안에서 연기처럼 사라져 버린 것인가? 의문투성이였으나, 집에 돌아갈 시간이었으므로 캐시와 다음 토요일에 다시 만나기로 하고 유령의 집을 나왔다.

금요일, 캐시와 약속한 전날이었다. 엘리자베드가 컴퓨터를 새로 샀다고 해서 데이비드와 함께 그걸 보러 가는 길에 캐시와 마주치게 되었다.

"존이구나. 너, 그날 이후 유령의 집에 안 가봤지? 궁금한 것 없니?"

"뭐 사건 해결에 관계 있는 실마리라도 찾았니?"

"실마리라기보다, 사실은 어제 가보니까 그 그림이 한 장도 없이 사라져 버렸어."

"그래? 누가 그랬을까?"

"존! 유령의 집이니 이상한 그림이니 하는 것들이 다 뭐니?"

데이비드가 잔뜩 궁금한 듯 채근했다.

존은 피할 수 없다고 생각하고 요즈음 일어난 일에 대해서 설명해 주었다.

"야, 그거 재미있다! 스릴과 서스펜스가 만점인데. 그림은 좀 아까운걸. 나 같으면 한장이라도 챙겨 두었을 텐데……."

데이비드가 아쉬워하자, 캐시가 빙긋 웃었다.

"그림이 보고 싶거든 따라와. 보여줄 테니."

캐시는 그림들을 유령의 집 어딘가에 숨겨 놓은 모양이었다.

유령의 집을 향해 바닷가 둑 위를 지날 때, 루크와 마주쳤다.

'귀찮은 녀석이 따라붙겠는걸.'

존이 루크를 떼어 버릴 생각으로 골몰해 있는데, 루크가 먼저 입을 열었다.

"너희들, 어디 가는지 알고 있어. 저쪽에, 잡초가 무성한 빈 집에 가는거지?"

"루크, 너도 그 유령의 집을 알고 있었어?"

"그래, 왜? 벌써 일주일 전부터 눈독을 들이고 있었다. 그 증거를 보여주지."

루크는 의기양양하게 휘파람을 휘익 불었다. 그러자 개 한 마리가 총알같이 달려와 루크 주의를 맴돌며 좋아라고 길길이 뛰었다. 유령의 집의 그 흰둥이였다.

"루크, 너 정말 빠르구나! 어느틈에 그 흰둥이를 길들였지?"

루크는 싱글싱글 웃기만 했다.

'그렇다면 그날 차고 안에서 흰둥이를 야단친 건 루크였단 말인가?'

유령의 집은 변함없이 음산한 고요 속에 묻혀 있었다. 이따금 무성한 잡초 속에서 풀벌레들이 고요를 깨뜨리며 울음소리를 내는 것 말고는 모든 것이 정지된 상태였다.

정원 한쪽의 다 무너져가는 오두막 속에 그림들은 있었다. 여러 장 중에서 특히 눈에 띄는 것들만 골라 놓은 그림들이었다.

캐시가 조심스럽게 먼지를 털어낸 듯 지난번 보던 때와는 비교가 안 될 만큼 색채가 선명했다. 커다란 나비가 푸른 하늘을 향해 금빛 날개를 펼치고, 아주 기묘한 동물 두 마리가 에메랄드빛 들판에서 춤추는 동작을 하고 있었다.

"신비한데. 이건 아주 특이한 그림이다. 한 번도 이런 그림을 본 적이 없어."

그림에 대해서 아는 것이 많은 데이비드는 외국 화가 이름까지 들먹이며 뽐냈다. 존은 데이비드가 잘난척 빼기는 데 비위가 상해서 못 들은 척하고, 캐시가 요전날 본 통조림통을 들고 나오자, 재빨리 그쪽으로 관심을 돌렸다.

"이거 봐. 정어리 고기가 가득 들어 있잖아!"

"새 거잖니!"

깡통 속을 들여다보던 루크는 회색 터럭 하나를 손가락으로 집어내 햇빛에 비춰 보면서 고개를 끄덕끄덕했다.

"뭘 발견했니?"

엘리자베드가 묻자, 루크는 의기양양해하며 자신 있게 말했다.

"너희들, 이 집의 수수께끼의 인물이 이 흰둥이를 기르고 있다고 생각하겠지만 그건 천만의 말씀이야."

"그럼 누구란 말이니? 설마 도깨비가 기르는 건 아닐 테고 말야."

캐시의 빈정거림에, 루크는 대꾸도 않고 휘파람을 불어 흰둥이를 불렀다. 흰둥이가 달려오자, 잡동사니가 쌓여 있는 속으로 밀어넣었다. 이윽고 잡동사니 속에서 잿빛의 고양이 두 마리가 후다닥 튀어나왔다. "봤지. 수수께끼의 인물은 여기서 저 고양이들을 기르고 있는거야. 통조림 먹이까지 주면서 말야. 이것이 그 증거야."

루크는 아까 통조림 속에서 집어낸 터럭을 들어 보였다.

"어쩜! 루크, 너 마치 탐정 홈즈 같구나. 이왕이면 수수께끼의 인물까지 밝혀 주었으면 좋겠다."

엘리자베드가 추켜올리자, 루크는 더욱 우쭐댔다.

"좋아! 가르쳐주지. 수수께끼의 인물은 다름아닌 고양이 할멈이야."

"뭐, 뭐, 고양이 할멈이라구?!"

아이들은 모두 놀란 입을 다물지 못하고, 무서움에 몸을 움츠렸다.

고양이 할멈은 오스트레일리아 전설에 나오는 마녀를 말한다. 몇백 마리나 되는 많은 도둑 고양이들을 길들여서 온갖 장난을 치며 사람들을 괴롭히는 마녀로서, 끝내는 입이 귀밑까지 찢어진 고양이로 둔갑하였다는, 아이들이 무서워하는 이야기의 주인공이다.

흰둥이가 고양이들을 어디로 쫓아 보냈는지 꼬리를 흔들며 어슬렁거리고 있었다.

루크가 휘파람을 불었으나, 흰둥이는 기분이 나빠졌는지 돌아보지도 않았다. 루크는 자존심이 상해서 데이비드와 엘리자베드를 데리고 기세 좋게 문을 나가버렸다.

루크 일행이 보이지 않게 되자 흰둥이는 갑자기 귀를 쫑긋 세우고 차고 쪽으로 다가갔다. 그리고 그 안에 누가 있기라도 한듯이 꼬리를 뒤로 감추는 자세를 취하고 낮게 으르렁거렸다. 존과 캐시는 바짝 긴장했다.

"저것 봐! 고양이 할멈이 저 셔터 뒤에 숨어 있는 거야."

캐시가 와들와들 떨면서 속삭였다. 흰둥이는 으르렁거리면서 조금씩 뒷걸음질을 치더니, 몇 미터 뒤로 물러나게 되자 그대로 뺑소니쳐 버렸다.

‘저 차고 안에 정체불명의 사람이 숨어 있는 게 틀림없어. 괴물이 아니면 탈옥수일지도 몰라. 역시 경찰에 신고하는 게 좋겠어.’

“캐시, 빨리 가자!”

“캐시의 손을 잡고 대문 쪽으로 향했을 때, 뒤에서 누군가 불러세웠다.

“좀 기다려!”

돌아보니 일층 출입문으로부터 한 소년이 걸어나오고 있었다. 같은 또래로 보이는 소년은 어딘지 위엄을 풍기고 있어 가까이하기 어려운 느낌이 들었다. 천천히 다가오는 소년의 윤곽이 드러나자, 존은 뜻밖의 인물에 놀랐다.

'그놈이다! 공사 현장에서 데이비드와 나를 강렬한 시선으로 방해를 한 놈!'

소년은 입을 꾹 다문 채 노려보고만 있었다. 존이 먼저 입을 열었다.

"여기가 너희 집이냐?"

"아니."

"그럼 너는 여기서 도대체 무얼 하고 있는거냐?"

존의 심문하는 말투에 소년은 잠시 생각한 뒤에 되물었다.

"지금 일을 말하는 것이냐, 아니면 일상적인 걸 말하는 거냐?"

'자식, 되게 따지고 있네, 루크만큼이나 이치만 따지는 골치 아픈 녀석 아냐'

"이 집에서 뭘 하고 있었는지 묻지 않니? 솔직히 대답해 줘!"

"바로 조금 전에는 너희들을 관찰하고 있었어. 그리고 고양이와 저 흰 개도……."

"숨어서 보고 있었다는 말이냐? 비겁하잖아."

캐시가 참을 수 없다는 듯 소년을 노려 보았다.

"넌 전에부터 이 집에 머물고 있었지? 밤에 잠도 자고 말이야. 그렇지?"

소년은 당연한 듯 고개를 끄덕였다.

"존, 내 말이 맞지? 누군가 이 집에 살고 있다고 했잖아."

"그렇구나!"

존은 이런 특종을 모르고 그냥 가버린 루크를 생각하자 기분이 좋았다.

"왜 이런 낡은 빈 집에서 혼자 살고 있니?"

"조용하고 공해가 없기 때문이야."

"그럼 너희 집은 시끄러운 동네인가보구나."

"그렇진 않아. 우리 집은 높은 데에 있어."

"높은 데 어디?"

"우리 집은 다른 혹성에 있어. 물론 여기서는 보이지도 않지만."

소년은 하늘을 손가락질하며 낮은 어조로 말했다.

"뭐, 다른 혹성이라고? 그럼 너는 우주인이란 말이냐?"

"응, 그래."

존은 픽 웃음을 터뜨렸으나 캐시는 정색을 하고 쏘아부쳤다.

"농담은 집어치워! 난 네가 열흘 전부터 이 집에서 어정거리는 걸 보고 있었어. 그런 엉터리 말로 우리를 속이려 들다니. 무엇 때문에 이 빈 집에 들어와 있는거지? 보물이라도 찾고 있는 거니? 아니면 집에서 쫓겨나기라도 했니? 정직하게 말해 봐!"

"못 믿겠니? 난 정말 우주인이야. 우주선을 타고 이 지구에 온 사람이라구……."

소년은 난처한 얼굴로 되풀이했다.

"왜, 비행접시로 날아왔다고는 안 하니?"

존이 웃음을 참으며 이렇게 말하자, 소년은 놀림을 받고 있다고 생각했는지 성난 표정으로 홱 돌아서서는 어둠침침한 차고 속으로 들어가 버렸다.

존과 캐시는 차고 문 앞으로 가서 안을 들여다보았다. 차고 안은 여전히 컴컴했다. 아무도 있는 것 같지 않았지만, 혹시나 하고 큰 소리로 소년을 불러보았다.

"여어, 우주인! 어디 있니?"

대답이 없었다. 다시 한번 큰 소리로 불렀다.

"중요한 얘기가 있다. 숨어있지 말고 이리 나와 봐! 화성인 마틴 군……."

"숨어 있는게 아냐. 난 아까부터 너희들 눈앞에 있었어."

묘한 엑센트를 띤 소리였다.

“우리들 눈앞이라고? 어디야?”

“셔터 바로 뒤를 바”

셔터 쪽으로 눈을 돌린 존과 캐시는 셔터를 배경으로 그 이상한 소년이 서 있는 걸 보고 가슴이 섬뜩 했다.

"아까는 실례했다. 네가 지구인이 상상하고 있는 우주인의 모습과는 너무 다르기 때문에 믿기지 않았던거야. 다시 말하면 너는 외계인 ET같은 모습도 아니고, 우리와 별다른 점이 없기 때문이지. 내 말 알아듣겠니?"

소년은 아까와는 전혀 다른 비웃는 말투로 대꾸했다.

"설마 너희들은 지구인의 그 옹졸하고 째째하고 열등한 눈으로 우리 우주인의 진짜 모습을 볼 수 있다고는 생각지 않겠지?"

"뭐야? 그럼 넌 우주인의 째째하고 열등한 눈으로 우리가 속속들이 보인단 말이냐?"

존이 화를 내자, 소년은 잠시 망설이다가 솔직하게 실토했다.

"아니, 사실은 내게도 보이지 않아."

"우리는 뭔가는 모르지만 서로를 이해하지 못하고 있는 것 같다. 밖으로 나가자."

문 밖은 눈부신 햇빛이 쏟아지고 있었다.

"내가 아무리 자세한 설명을 해도 너희 지구 아이들 머리로는 이해하지 못할거다. 지금 너희들은 내 모습을 보고 있는 것 같지만 사실은 아무것도 보지 못하는 거다."

소년은 기품 있게 설명을 하고는, 자기가 어떤 모습을 하고 있는지를 물었다.

"음, 나이는 열한 살 정도로 우리와 같은 또래, 키는 1미터 50정도 되겠고, 갈색머리에……."

"새빨간 입술에 주근깨가 좀 있고, 조금 의젓한 데가 있는 것 같다."

"하하하……. 놀랐다. 너희들, 내 나이는 맞혔지만 나의 실제 모습과는 영 다른 얘기들을 하고 있어. 하하하……. 지구인의 지능지수와 상상력의 한계를 알겠다. 그만하면 안심해도 괜찮겠어."

"그렇담 네 진짜 모습은 어떻다는 거냐?"

"너희들은 지금 내 모습이 보인다고 믿고 있지만, 그건 너희들이 그렇게 생각하기 때문이야. 그것은 우리 우주인이 지구인의 상상의 한계를 훨씬 초월한 세계에 살고 있기 때문이야."

"말하자면 우리 마음대로 환상을 그려서 너라고 믿고 있단 말이니?"

존이 조금은 알 것 같다며 고개를 끄덕이자, 캐시가 반격을 가했다.

“그럼 네 눈에는
우리의 참 모습이 보인다는 거냐?”
“응, 보이고말고.”
“어떻게? 자세히 말해 봐!”

"한 마디로 말해서 너희들 모습은 우리 우주인과 똑같다."

"뭐야!"

존과 캐시는 어처구니가 없는 듯 마주 보고 웃었다.

"저 여자애는 귀엽게 생겼고, 너도 간신히 귀여운 축에는 들겠는데……."

"내 이름은 캐시야. 얘는 존이구. 앞으로 그렇게 불러."

"그래. 좋았어. 그러니까, 둘다 외모는 괜찮은데, 학교 성적은 중간 정도겠다. 내 컴퓨터에는 아까 흰 개를 휘파람으로 부르던 아이가 지능지수가 제일 높다고 나와 있어."

"엉터리 같은 소리 마. 학교 성적은 루크보다 내가 훨씬 위야."

존이 볼멘소리로 말했지만 소년은 빙긋 웃으며 계속했다.

"그러고 보니 우리는 피차 실제 모습을 알지 못한다는 걸 알겠다. 하지만 우리가 사이좋게 지내는 데는 별 지장이 없는 것 아니니?"

"그건 그렇다. 서로 마음이 통한다면 뭐가 문제겠니?"

"나는 특수 능력으로 네 마음을 읽을 수 있다. 존, 넌 나에게 아무 적의도 없잖아."

"그래, 넌 착한 아이야. 다만 머리가 좀 이상해졌을 뿐이지."

캐시가 나서서 이렇게 말했으나, 소년은 화를 내지 않았다.

"이상하다고 생각하는 것은 너희 지구인 쪽의 차원이 낮기 때문이야."

"많은 도시 중에서 왜 이 시드니를, 게다가 이 유령의 집을 선택했는지 말해 줄수 있겠니?"

"이유는 간단해, 혼자서 마음 편히 잘 수 있는 곳을 찾고 있다가 우연히 이 빈 집을 발견하게 된거야. 하룻밤 지내 보니까 맘에 들어서 계속 머물렀던 것이고."

"먹을 것은 어떻게 하고 있니? 저 통조림통은……?"

"저건 개와 고양이가 먹는 거야. 난 저런 건 전혀 먹지 않아."

순간 존과 캐시는 동시에 같은 생각을 떠올렸다.

'저앤 어쩌면 고양이를 산채로 먹고 있는 게 아닐까?'

"이 집에 너 말고 또 누가 사니?"

"가끔 고양이를 데리고 드나드는 고양이 할머니 말고는 사람이라곤 없어."

"어머나! 고양이 할머니라고! 고양이 할머니 얘기 좀 자세히 해줘. 어떻게 생겼니?"

캐시가 놀란 눈으로 호기심을 나타냈다.

"자주 보긴 했는데, 그쪽에선 나를 모를 거야. 직접 보는 게 어떻겠니? 내 눈에 비친 모습과는 큰 차이가 날 테니."

"좋아. 그런데 언제 오면 볼 수 있니?"

"오늘밤은 그 여자가 안 오는 날이야. 내일 밤 8시면 어떻겠니?"

"내일은 마침 토요일인데, 좋아! 그런데, 넌 언제까지 지구에 머물러 있을 예정이냐?"

"다음 초생달이 뜰 때까지는 있게 될거야. 처음 하는 우주여행이라서 너무 오래 머물면 사고가 나기 쉽거든."

"처음이라서 그렇게 즐기고 있는 거니? 영어도 아주 잘하고 말이야."

"난 영어 같은 건 전혀 할 줄 몰라. 내가 하는 말은 모두 우리 별나라 말이야."

"그렇담 우리와 어떻게 말이 통하고 있는 거니?"

존이 어이없어하자, 소년은 히죽히죽 웃었다.

"말해 주지. 너희들을 만났을 때 난 텔레파시 회선을 장치한 거야. 텔레파시 회선은 네가 말하려고 하는 내용을 소리로 내기 전에 이미 나의 뇌에 전해 주지. 그러면 나는 텔레파시 회선으로 대답을 하는 거고 말이야. 사람이 말을 할 때는 그 내용이 우선 뇌에서 만들어져 목구멍을 통하여 음파로 전해지지 않니. 내가 영어를 잘한다고 생각한 것은 네 뇌의 상상력이야."

"또 상상력이야?!"

존은 벨이 꼴렸으나 소년은 웃음 띤 얼굴로 계속했다.

"상상력이란 것이 쓸데없이 필요 이상으로 활동할 때도 있지. 아까 너희들이 같은 시각에 '이 괴상한 녀석이 어쩌면 고양이를 산 채로 먹고 사는 건 아닐까?' 하고 생각한 것 말야. 하하하……. 나는 뭐든 다 알고 있어."

존과 캐시는 등골이 서늘해짐을 느꼈다.

'이애는 정말 다른 혹성에서 온 것 같다.'

캐시가 중요한 걸 빼먹었다는 듯 그림 이야기를 꺼냈다.

"넌 아주 기발한 그림을 그리더구나. 너희 혹성 사람들은

그림을 좋아하니?"

소년은 무슨 소린지 이해하지 못하다가 곧 깨달았는지 대답했다.

"그 그림들은 이 집에 처음 왔을 때부터 굴러다니고 있었어. 고양이 할멈의 작품이 아닌가 생각되는데……?"

돌아오는 길에 존과 캐시는 이상한 소년에 대해 논쟁을 했다.

"존. 그 소년을 정말 우주인이라고 믿는 거니? 착각하지 마. 그앤 머리가 좀 돌았을 뿐이야."

"글쎄……. 정말 그럴까……?"

"얘 좀 봐! 그애 말하는 걸 보면 모르겠니? 지구인은 지능지수가 열등하다는 둥 텔레파시 회선을 어쨌다는 둥 엉터리 소리뿐이잖아!"

"그래도 이치에 맞는 말이었어."

"존, 정신 차려! 그애가 어디 ET같이 보이든? 적어도 우주인이라면, 레이저 광선총을 가지고 있든가, 하늘을 날든가, 아무튼 초능력을 보여줬을 거란 말야."

"진짜 우주인이라면 그렇게 유치하게 지구인을 겁주는 짓은 안할거야."

"어쩜! 넌 그 미친 아이한테 완전히 정복당했구나.

그래, 내일밤 8시에 고양이 할멈을 보러 갈 거니?"

"무슨 소리야? 이미 약속한 걸 가지고."

"맙소사!"

"그럼 넌 그 특종감을 놓치고 싶단 말이구나. 그래, 나중에 후회하지나 마라."

"걱정은 네 호주머니 속에 붙들어 두시지."

고양이 할멈을 보기로 한 토요일 오후. 존은 외출허락을 받고 집을 나섰다.

유령의 집은 변함없이 음산한 기운을 내뿜으며 웅크리고 있었다. 이층의 베란다가 그 기묘한 모습을 쑤욱 내밀고 있는 것이 어슴푸레 보이는 고요함 속에, 이따금 풀벌레들의 울음소리만이 찌륵찌륵 고요를 깨뜨리고 있었다.

약속 시간까지는 30분이 남아 있었다. 그동안 유령의 집을 관찰하기로 맘먹고 일층의 출입문 쪽으로 발길을 때어놓던 존은 소스라치게 놀라 비명을 질렀다.

"아아악!"

건물 옆쪽 그늘진 곳에서 흐느적거리는 허연 것이 쑥 나타나서 소리도 없이 가까이 다가오고 있었던 것이다.

"고, 고양이 할멈이다!"

이마에 식은 땀이 솟는 걸 느끼며 긴장한 채로 자세를 바로

잡았다.

고양이 할멈이 손을 번쩍 들었다.

"존, 기다리고 있었어. 반가워!"

"아니, 캐시 아냐! 젠장, 사람을 이렇게 놀라게 하는 법이 어딨어?!"

존은 가슴을 쓸어내리며 큰숨을 내쉬었다.

"어둠이 내리기 전부터 너를 기다리고 있었어."

"웬일이니? 어제는 안 올 것 같이 말하더니……?"

"꽉 막히긴. 넌 특종을 건지려는 신문기자의 정신 같은 것, 모르겠지?"

"친구까지 떼어 버리고 말야? 그래, 그렇다 치고 무슨 특종감이라도 건졌니?"

"싱겁게 됐지 뭐야. 고양이 할멈도 그 정신이 돈 아이도 나타나지 않았는걸."

순간 존은 심장이 얼어붙는 것 같은 공포감을 느꼈다. 하얀 이를 드러내고 웃고 있는 캐시의 등이 일순간 청백색으로 번쩍 빛났던 것이다.

"캐시, 뒤를 봐!"

캐시가 무슨 일인가 싶어 막 돌아서자, 마치 캐시의 등에서 떨어져 나오기라도 하듯 우주인 소년이 나타났다.

"너희들을, 아까부터 기다리고 있었어."

"어머나! 넌 예의도 없니? 남의 등뒤에 숨어 있는건 야만인이나 할 짓이야!"

"캐시, 네가 우연히 내 앞에 섰을 뿐이야."

"그러면 왜 아무 말도 안했니?"

소년은 그 말에는 대꾸도 않고 "쉿!"하고 입을 막았다.

"저기 고양이 할멈이……."

바싹 긴장을 하고 주위를 살폈으나, 아무것도 보이지 않았다.

"어디야? 아무것도 없는걸."

"5분 후면 틀림없이 나타날거야. 지금 내 레이다에 잡혔거든."

"어머나! 5분이나 먼저 알 수 있단 말이니?"

존은 틀림없이 소년이 다른 천체에서 온 거라고 생각했다.

"벌써부터 물어 보고 싶었는데, 네 본 이름은 뭐니? 가르쳐 주면 안 되겠니?"

"우리 혹성 B62에서는 컴퓨터로 정리하기 때문에 모든 우주인은 번호로 등록되어 있어. 그러니까 숫자가 정식 이름인 셈이지. 물론 부르는 이름은 따로 있어.

"그 이름이 뭐냐구?"

소년은 웬일인지 침묵하고 있었다. 뭔가 두려워하는 느낌이었다.

"말하기 곤란하면 안 해도 좋아. 그 대신 내가 부른 대로 '마틴' 이라고 하면 어떻겠니? 우주인이라고 부르는 것은 어쩐지 친근감이 가지 않으니까 말야. 어때?"

"마틴? 좋아, 너희들이 그렇게 부르고 싶다면……."

소년은 고개를 끄덕였다.

"쉿! 고양이 할멈이 지금 막 대문을 들어섰다. 여기서 관찰하기로 하자."

존과 캐시는 차고 안으로 들어가 문 뒤에 찰싹 몸을 붙이고 숨을 죽였다.

몸매가 가냘픈 빼빼한 여자가 장보기용 쇼핑 카를 밀고 들어오고 있었다. 고양이 할멈이었다. 쇼핑 카가 낡았는지 끼익끼익 소리를 냈다. 초여름인데도 얼굴을 스카프로 푹싸매고 있었는데, 스카프 자락이 바람에 하늘하늘 날리고 있었다.

고양이 할멈은 오두막 앞에서 멈추었다. 그리고 쇼핑 카에서 비닐 봉지를 꺼내어 속의 것을 깡통에 탁 털어넣었다.

"정어리 고기다!"

고양이 할멈이 쯧쯧쯧! 혀를 차자, 건물과 빈터, 풀숲 등에서 고양이들이 일제히 모여 들었다. 검정 고양이, 하얀 고양이, 잿빛 고양이, 얼룩 고양이 등 종류도 다양했다.

고양이들은 깡통에 앞발을 집어넣고 서로 다투어 먹이를 먹기 시작했다. 이윽고 고양이들이 먹이를 다먹고 나자, 고양이 할멈은 고양이들을 차례차례 안아 올려 얼굴을 비벼대며 무어라고 얘기를 하는 것이었다.

"저 여자, 마녀가 아니잖아. 고양이를 좋아하는 보통 사람에 지나지 않는걸."

존은 뭔가 맥이 빠지는 기분이었다.

고양이 할멈은 고양이들에게 손을 흔들어 작별 인사를 하고는 쇼핑 카를 끌며 대문쪽으로 향했다. 방심하고 고개를

내밀고 바라보던 존은 고양이 할멈이 되돌아보자 재빨리 몸을 움츠렸다. 그러나 고양이 할멈은 아이들이 있는 쪽을 향해 목쉰 듯한 소리로 말하는 것이었다.

"얘들아, 우리 고양이들을 해치면 안 된다. 알았지?"

고양이 할멈은 털털거리며 유유히 대문을 빠져나갔다.

"저 여자, 들어올 때부터 우리가 여기 있다는 걸 눈치채고 있었어. 역시 고양이 눈을 가진 마녀임에 분명해."

"존, 마녀라면 뒤쫓아가서 어디 사는지 집을 알아놓아야 되지 않겠어?"

"그래, 어서 쫓아가 보자."

여자의 모습은 이미 보이지 않았다. 땅에 귀를 대고 소리를 들어 보았다. 털털거리는 쇼핑 카 끄는 소리가 희미하게 울려 왔다.

"저쪽이다!"

산동네 쪽을 향해 조금 뛰어가자, 저 앞의 가로등 불빛에 고양이 할멈이 스카프를 날리면서 오르막길을 올라가는 모습이 보였다. 고양이 할멈은 바로드 거리에 이르자, 걸음을 늦추더니 오른쪽으로 꺾인 골목길로 들어섰다.

존과 캐시는 들키지 않으려고 잡초가 우거진 사잇길을 택했다. 서늘한 밤공기와 수걱거리는 풀숲의 감촉은 전혀 새로운 경험이었다.

어느 돌담 앞에 우뚝 멈춰선 할멈은 돌담에 붙어 있는 작은 문에 열쇠를 꽂아 돌렸다. 끼익- 하는 소리와 동시에 문이 열렸다. 고양이 할멈은 들어서며 뒤를 한번 돌아보았다. 존과 캐시는 재빨리 전봇대 뒤로 몸을 숨겼다. 고양이 할멈은 오른쪽 담 저쪽으로 사라져 갔다.

"할멈의 집은 저쪽이다!"

갑자기 뒤쪽에서 들려온 소리에 소스라치게 놀라 돌아보았다.

"아니, 마틴! 너, 정말 이렇게 놀라게 하기냐!"

캐시가 화를 냈지만 마아틴은 미안하다며 싱글싱글 웃었다. 마틴은 발자국 소리 하나 내지 않고 존을 바싹 따라왔던 것이다.

"자, 사정을 살펴보기로 하자."

마틴은 고양이 할멈이 들어간 작은 문쪽으로 다가갔다. 문 저쪽에서 수십 마리의 고양이 울음소리가 들려왔다.

"존, 저 사나운 소리 들리지? 저건 고양이가 아니야 호랑이 새끼 아니면 삵괭이인지도 몰라."

캐시가 눈을 크게 뜨고 말하자, 마틴이 웃으며 설명했다.

"저건 보통 고양이들이 내는 소리야. 수상한 사람들이 왔으니, 주인님 조심하세요, 하고 고양이 할멈에게 알려주는 거야."

"마틴, 그럼 넌 고양이말을 알아듣는다는 거니?"

마틴은 어둠 속에서 하얀 이를 드러내보이며 웃었다.

"우리는 텔레파시의 초능력으로 우주에 존재하는 모든 생물의 말을 이해한단다."

마틴의 말을 듣고 보니, 고양이 할멈을 추적한다는 것쯤은 바보같다는 생각이 들었다. 정작 탐색해야할 대상은 마틴의 정체가 아닐까? 내일은 혼자서 유령의 집에 가보리라고 생각했다.

푸른 광선의 수수께끼

일요일 오전, 존은 어제 결심한 대로 혼자서 유령의 집을 찾아갔다.

'오늘은 기어코 마틴의 실체를 알아내리라. 아무리 초능력의 소유자라도 하루 종일 긴장 상태로 있지는 않겠지. 혼자서 쉬고 있을 땐 본모습을 드러낼거야.'

유령의 집에 다다른 존은 조심스레 주위를 살폈으나, 마틴의 모습은 어디에도 보이지 않았다.

"이상하다. 어디 갔을까……?"

한 구석의 낡은 철제 난로에서 희푸른 광선이 희미하게 흘러나오고 있는 것이 보였다. 뚜껑을 열고 안을 들여다보았다. 녹이 슬어 있는 것으로 보아 아마도 오랜 동안 사용하지 않은 것이 분명했다. 그럼 이 희푸른 광선은 뭘까?

존은 난로에서 손을 떼려다가 갑자기 뜨거운 불에 데기라도 한 듯이 "앗!" 하고 비명을 질렀다. 난로 속에서 희푸른 빛이 도깨비불처럼 아롱거린 것이다. 그 빛은 눈 깜박할 사이에 확 꺼져 버렸다. 무서움에 허둥지둥 뛰어 나오는데, 뒤에서 "아아아……." 하는 하품 소리가 났다. 그대로 밖으로 나온 존은 그 소리가 마틴의 하품 소리일 거라고 짐작했다.

존은 문간에서 조금은 겁먹은 소리로 마틴을 불러 보았다.

"마틴, 어디 있어? 좀 나와 봐!"

마틴은 안쪽에서 눈을 비비며 걸어나왔다.

"낮잠을 자고 있었구나. 미안해, 낮잠을 깨워서. 어디 있었니? 줄곧 찾았는데."

"고양이처럼 살금살금 들어와서는 내 몸을 건드리고 그랬잖아."

"뭐라구? 발로 말이냐, 손으로 말이냐?"

마틴이 미처 대답하기도 전에 밖에서 한떼의 아이들이 왁자지껄 떠드는 소리와 함께 루크의 목소리가 크게 들려왔다.

'중요한 대목에서 제일 좋지 않은 녀석이 나타나는군.'

데이비드와 함께 잡동사니 동산의 고양이들을 놀려 주고 있던 루크는, 존을 보자 히죽히죽 웃으며 다가왔다.

"어렵쇼! 가짜 우주인까지 함께 있잖아."
루크는 마틴을 요모조모 뜯어보더니 고개를 끄덕였다.

"과연 별나게 생겼다. 이러니 존과 캐시가 안 속고 배기겠어! 안 그래, 데이비드?"

데이비드가 고개를 끄덕였다.

"나는 혹성 B62에서 우주선을 타고 온 우주인이다. 우주 패스포트도 가지고 있다."

마틴은 루크에게 놀림을 당하고 있다는 걸 알고 정색을 했다.

"오, 그래! 정말 재미있다, 너 어때? 옷을 벗고 네 푸른 살을 좀 보여줄 생각은 없니?"

루크가 점점 짓궂게 나오자, 마틴의 얼굴은 분노로 일그러지고 있었다.

"마틴, 저애들, 본심에서 하는 얘기 아냐. 화내지마."

존이 팔을 잡으며 말하자 마아틴은 거세게 뿌리쳤다.

"농담이라면 더더욱 용서할 수 없다!"

루크에게 한 방 먹일 줄 알고 긴장했으나, 마틴은 의외로 잡동사니 더미에서 놀고 있는 고양이들을 가리키며 소리쳤다.

"너희들 지능은 저 고양이와 다를 바 없다. 오히려 예의는 저 고양이보다도 못해!"

그리고 루크에게 대꾸할 틈을 주지 않고 안으로 사라져 버렸다. 멍하니 서 있던 루크는 곧 정신을 차리고는 주먹을 치켜들며 악을 썼다.

"저 국제 사기꾼이 우리를 무시했다. 뭐, 고양이보다 못하다고? 데이비드, 결투를 하는거다!"

"그래, 루크. 한방에 꼬나박아 버려!"

"그만둬! 그애는 정상이 아냐. 공연히 그러다가 무슨 일을 당하려고……."

캐시가 말렸으나 막무가내며 루크와 데이비드는 거칠게 차고 안으로 뛰어들어갔다. 루크는 손전등을 갖고 있었다.

"출입구는 여기뿐이다. 제놈이 아무리 날쌔다 해도 이젠 독 안에 든 쥐 신세야!"

"괜찮을까?"

캐시가 눈살을 찌푸리며 걱정스러운 듯 차고 쪽을 보았다.

"누구 말야? 우주인? 아니면 지구인?"

"양쪽 다 말야."

"마틴에 대해선 염려 놓아. 그앤 푸른빛 투명인간인데, 루크와 상대가 되겠니?"

"너까지 머리가 이상해진 거 아니니?"

존은 아까 난로 안에서 파랗게 번쩍이던 괴상한 광선을 생각하고 있었다.

‘그것이 마틴의 정체다! 마틴의 생명의 불이다! 루크들의 눈에 띈다면 아까처럼 확 꺼져 버릴 것이다.’

루크와 데이비드가 고개를 갸웃거리면서 차고 안에서 나왔다.

“샅샅이 뒤졌지만 그놈은 없었어. 어쩌면 비밀 통로가 있어서, 지하실에 숨어들었는지도 몰라.”

“그래, 맞아. 차고 한 구석에 맨홀 같은 것이 있었어. 지하실로 내려가는 통로야. 우리 열어 보자.”

데이비드가 맞장구를 치며 곡괭이를 찾아보자고 두리번거렸다.

존은 괴상한 광선에 대해 알려줄까 했으나, 루크들이 꼬챙이로 난로 속을 쑤시기라도 하면 큰일이다 싶어 입을 꾹 다물고 있었다.

“존, 루크가 정말 곡괭이로 지하실 통로를 찾을까?”

“아냐. 루크는 벌써 마틴이 초능력의 소유자란 걸 눈치챘을거야. 눈치가 빠르잖니?”

“무슨 증거라도 있니?”

존이 희푸르게 빛나던 광선 얘기를 하자, 캐시도 경험한 바라 고개를 끄덕였다.

“마틴의 실제 모습을 보는 방법은 없을까? 망원경? 확대

경?"

"아, 좋은 방법이 있다! 존, 너 몸에 꼭 끼는 푸른 색의 알로하셔츠 있니?"

"알로하는 아니지만 화려해서 눈에 잘 띄는 초록색티셔츠는 하나 있어."

"그걸 마틴에게 입혀 보자."

"무슨 소리니"

"네 몸에 꼭 끼는 옷이라면 마틴이 입어도 꼭 낄 거 아니니? 옷이 꼭 끼게되면 몸의 형태가 또렷이 나타나지 않겠어?"

"그거 좋은 방법이다. 몸뚱이가 세모꼴인가. 둥근꼴인가를 보자는 거지?"

"그래. 그리고 너, 마틴이 어떤 신발을 신고 있었는지 생각나니?"

"글쎄, 잘 모르겠는걸. 맨발 아니었니? 발자국 소리를 전혀 내지 않았잖아."

"나도 전혀 생각이 안 난다. 존, 너 혹시 구두가 두 켤레거든 한 켤레 갖다주렴."

"알았어. 그럼 우리 점심 먹고 다시 만나자. 여기서 2시까지다."

존은 노랑과 갈색 무늬가 있는 화려한 색상의 티셔츠와 여벌의 운동화 한 켤레를 들고 집을 나섰다.

캐시와 약속한 시간보다 30분 이른 시각이었다.

마틴은 베란다의 낡은 의자에 앉아서 밖을 바라보고 있었다. 아까와는 딴사람처럼 생기가 있어 보였다.

"마틴, 낮잠이라도 실컷 잤니?"

"15분 정도 잤을 거야. 우리 우주인들은 지구인과는 달리 체력 회복이 빠르단다."

"또 우주인의 우수성 얘기구나. 남은 시간에 뭐했어?"

"이층의 내 방을 장식했지. 볼래?"

"좋아, 보여줘"

마틴의 방에 들어선 순간 존은 앗! 하고 놀랐다.

커튼 레일에 여러 가닥의 전깃줄이 매어 있는데, 그 줄에 바나나, 사과, 소시지, 키위 등이 대롱대롱 매달려 흔들거리고 있었다.

"훌륭하다. 사과와 소시지를 사용한 점은 확실히 기발한 생각이다."

"방안이 너무 살풍경해서 말야."

"그래, 잘했어. 그리고, 이거 선물인데, 받아 줄래?"

"선물이라구! 좋아. 받고 말고가 어딨어."

마틴은 존이 내미는 화려한 티셔츠를 받아들고는 기쁜 듯이 요리조리 돌려보았다.

“멋지다! 감촉도 아주 좋아. 한번 입어 볼까?”

“그래. 어서 입어 봐.”

옆방으로 가서 갈아입고 나온 걸 보니 생각했던 대로 꼭 끼는 모습이었다.

‘세모꼴도 네모꼴도 아니잖아. 우리와 다를 게 없지 뭐야.’

"기대에 어긋나게 해서 미안해. 두뇌와는 달리 우주인의 체격은 지구인과 별로 다를게 없단다. 우리 관광국에서 발행하는 우주 여행 안내서 지구편을 보면 셔츠 같은 건 품질이 좀 낮아서 그렇지 얼마든지 지구에서도 구할 수 있으니 여벌을 준비해 갈 필요가 없다고 적혀 있었어. 이 셔츠, 돌아갈 때 돌려줄게."

존은 가슴이 철렁 내려앉는 것 같았다.

"어머나, 마틴! 아주 잘 어울린다. 정말 멋져!"

캐시가 막 들어오며 대롱대롱 매달려 있는 소시지를 가리켰다.

"마틴, 역시 넌 기발한 아이디어맨이야. 하지만 저건 곧 먹어치우는 게 좋겠다."

"상할까 봐서? 그거라면 염려없어. 보존액을 발라놓았거든."

"보존액이라구? 그거 확실하게 효과가 있는 거니?"

"그럼. 우리 별에서 만든 거니까 틀림없어. 그리고 나는 저걸 먹을 필요도 없어."

"넌 매일 뭘 먹고 사니? 설마 너희 별에서 먹을 양식을 짊어지고 온 건 아니겠지?"

존이 궁금하던 차에 물었다.

"아냐. 나는 여행중에 먹을 음식을 도시락으로 만들어 모두 준비해 가지고 왔어. 왜냐면, 이 지구에는 우리가 알지 못하는 박테리아가 득실거리기 때문이야."

"정말 놀라운 일인데! 그럼 네 비행접시 속은 음식으로 가득 찼겠구나."

"아냐. 농축시켜 놓은 것이라 아주 작은 부피인걸. 보여줄까?"

마아틴은 차고의 낡은 난로 속에서 하얀 봉지를 꺼내어 열어 보였다. 속에 비스킷이 여남은 개 들어 있었다.

"비스켓 아냐? 그래 이걸 하루에 몇 개나 먹니?"

"하루 한 개를 먹지."

"뭐 한 개라구? 가엾어라. 얼마나 배가 고플까?"

"아냐. 영양분이 골고루 농축되어 있기 때문에 하루 한 개로도 충분해"

"그럼 마시는 건 충분히 마시겠지?"

캐시가 묻자, 손을 내 저었다.

"아냐. 물은 단 한 방울도 먹지 않아."

"우리 몸의 성분 중 수분이 70퍼센트를 차지하는데, 그럼 네 몸의 성분에는 수분이 없다는 말이냐?"

"우리 우주인의 경우는 10퍼센트 정도야. 게다가 출발 직

전, 여행중에 소비할 만큼의 수분을 의사가 충분히 공급해 주었거든."

"그럼 먹고마시는 즐거움이란 전혀 모르겠구나."

존이 동정하는 투로 말했지만, 마틴은 도무지 이해를 못하는 것 같았다.

"그건 무슨 뜻이니? 먹는 일이 즐거움이라니……?"

"그래. 여러 가지 즐거움 중엔 먹고마시는 즐거움도 있거든. 식도락이라는 거 말야."

"도대체 모를 소리를 하는구나. 아무튼 우리는 먹고 마시는 일에 시간을 허비하지 않아. 그 시간에 실험을 하거나 연구를 하는 편이 훨씬 유익하지 않니?"

"이제 알겠다. 그래서 네가 모처럼의 휴가를 방안퉁수처럼 이 유령의 집 안에서 빈둥거리고 있구나. 산책 같은 건 쓸데없는 것으로 생각할 테니 말야."

존이 좀 빈정거리는 투로 말하자, 비로소 마틴은 부끄러워하는 표정이 되었다.

"사실은 이 마을 곳곳을 탐색하고 싶었어. 하지만 그럴 만한 안내자가 없이는 웬지 불안해서 말야. 고양이 할멈을 뒤쫓을 땐 너희들과 함께였기 때문에 안심이었지만."

"그랬구나. 그럼 우리가 안내를 할 테니 함께 바닷가로 가보겠니?"

"좋아, 존! 좋아!"

'우주인도 우리 지구의 소년들과 다를 게 없구나. 뛰어난

과학의 힘과 초능력을 가지고 있다 해도, 낯선곳에 혼자 있으면 두려운 거지.'

몹시 좋아하는 마틴에게 존은 새삼 친근감을 느꼈다.

"마틴, 네게 주려고 운동화를 가져왔는데, 신겠니? 지구에선 지구 신발이 더 편할 것 같은데……."

마틴은 존이 내미는 신발을 자기 것과 견주어 보았다. 마틴의 신발은 구두인지 가죽인지 알 수 없는 이상한 천으로 되어 있었다. 몹시 불편해 보이는데도 마틴은 가볍게 제자리걸음을 하면서 말했다.

"이 구두, 벌써 3년이나 신었다."

"3년이나! 별로 닳지 않았는데. 너희 별에서는 별로 걸어다니지 않는가 보구나."

"걸어다니긴 해도……. 오늘은 내 구두로 가겠어. 다음에 빌려 신을게."

마틴의 걸음걸이는 마치 무중력 상태의 달 세계를 걷고 있는 듯했다. 구두를 3년씩이나 신을 만도 하다는 생각이 들었다.

바닷가 공원 벤치에 노인 한 분이 앉아 있었다. 마아틴은 무슨 일인지 그 노인쪽으로 훨훨 나는 듯이 다가갔다.

"할아버지 어젯밤에는 정말 고마웠어요."

인사를 건넨 마틴은 노인이 일어서려 하자, 부축하려고 팔을 붙들었다. 순간 노인은 불에 데기라도 한 듯 깜짝 놀라는 몸짓을 했다.

"애야, 괜찮다. 혼자 걸을 수 있으니까 염려 마라. 오오, 그런데 너는 저 빈 집 베란다에서 곧잘 낮잠을 자던 애로구나. 거기가 너희 집이냐?"

"아뇨, 그렇진 않아요."

마틴은 친구들과 얘기하던 때와는 판이하게 다른 공손한 태도였다.

"이 시드니 태생이 아닌게로구나. 요즘 아이들은 모두 이기주의라서 남이야 어찌됐든 알 바 아니라는 생각들이니까 말이다. 그래 어디서 왔는고?"

"네 저는 머나먼 별에서 왔어요."

"원 도무지 귀가 멀어서……. 다시 한번 말해 봐라."

"머나먼 별 혹성 B62에서 이 지구에 시찰 여행을 왔다구요."

마틴이 크게 말하자, 노인의 안색이 변했다. 이때,

"와하하!"

웃음소리와 함께 루크가 어깨를 으쓱 하며 나타났다.

"이 얼빠진 친구야! 허튼소리 그만 집어치우지 그래! 그 따

위 거짓말이 아무에게나 통할 줄 알아?"

마아틴은 불쾌한 빛이었으나 말은 정중히 했다.

"난 널 잘 알고 있어. 넌 사람을 믿지 못하는 가엾은 아이라는걸."

자기를 비웃는 말이라고 느끼자, 루크의 얼굴은 분노로 시뻘개졌다.

"이 거짓말쟁이놈아, 잘 들어둬! 어디서 굴러들어왔는진 모르지만, 일단 이 동네에 들어왔으면 동네 대장인 나한테 신고를 해야지. 근데 넌 뭐야? 거짓말을 하는 것도 이 시드니에선 내 허가가 필요해. 알았어! 주둥아리를 함부로 놀리지 말란 말야!"

루크를 노려보던 마틴은 냉정하게 말했다.

"너같은 열등한 문명이 낳은 불량품과는 더 이상 말하고 싶지 않다. 나는 너보다 훌륭한 지능의 이 생물들하고만 사귀기로 했으니 긴 말 하지 말란 말야!"

경쟁 상대인 존을 치켜세우는 데 자존심이 상한 루크는 분을 삭이지 못하고 식식거렸다.

"이 정신병자 같은 새끼, 계속 더 지껄여 봐!"

루크가 마틴의 한쪽 뺨을 힘껏 쳤다.

"앗!"

순간 존은 불길한 예감에 사로잡혔었다. 마아틴이 이 일을 저희 별에 보고한다면, 우주인들이 공격해 오지 않을까? 지구가 멸망하는 계기가 되는 건 아닌지 하고.

마틴은 마치 복싱에서 케이오당한 권투선수가 슬로모션으로 쓰러지는 장면처럼 천천히 쓰러졌다.

뒤이어 기묘한 광경이 일어났다. 마틴의 몸은 고무공이 튕기듯 1미터이상이나 위아래로 두세 번 튕겨 오르내렸다. 어디를 다친 것일까? 마틴은 땅바닥에 엎드려 꼼짝도 하지 않았다.

존이 일으키려 하자, 마틴은 낮은 소리로 아무렇지 않은 듯 말했다.

"괜찮아. 가만 놔둬"

숨을 한번 들이쉰 마틴은 풍랑에 시달린 어부처럼 조심스럽게 일어섰다.

"그녀석 펀치가 너무 세었던 게로구나. 아니면 이애의 균형 조절이 잘못되었던지."

노인이 물끄러미 바라보며 한 마디 했다. 루크도 크게 충격을 받은 모양이었다.

"다들 보았지? 난 살짝 건드렸을 뿐이다. 저렇게 공이 튀듯하다니? 영문을 모르겠어."

반격을 가할 줄 알았으나, 마틴은 의외로 조용히 루크를 바라보았다.

"루크랬지? 다음에 나를 치려거든 미리 예고를 해줘. 미리 알려만 준다면 나는 중력조정장치를 조절해서 지금 같은 창피한 꼴은 안 보일거다. 자, 다시 덤벼 봐!"

마틴이 권투선수처럼 빈틈없는 자세를 취했다. 멍하니 서 있던 루크는 두려움을 느꼈는지 갑자기 휙 돌아서 달아나 버렸다.

"저애의 태도는 콤마 이하다. 아이큐는 너보다 좀 높지만 뇌 조직 속에 결함이 있는 것 같아."

마틴의 경멸의 말투에 존은 얼굴을 찌푸렸다.

"마틴, 그렇게 자꾸 아이큐니 지능지수니 하지마."

"미안해. 앞으로 조심할게."

"그런데 마틴, 아까 너 공처럼 튕겨 올랐는데, 왜 그런거니?"

"우리 별과 이 지구의 중력에 차이가 나기 때문이야. 지구의 중력은 우리 별의 3분의 1이 되지. 그래서 나는 조금만 충격을 받아도 공처럼 튀어오르는 거야. 보통때는 조절해서 견디지만 갑자기 심한 충격을 받으면 그렇게 돼."

"우리가 달에 갔을 때와 같은 현상이로구나. 너희 별나라

는 우리 지구보다 과학이 훨씬 발달돼 있는 모양이지?"

"물론이야."

"그렇담 너는 왜 루크의 기습을 미리 몰랐니? 너희 별나라도 외적의 침입에 대해서 지금의 네 경우처럼 무방비 상태란 말이니?"

"아니, 우린 적이 우리의 중력권 안에 돌입해 오기 전에 자동으로 격퇴하는 장치를 갖추고 있어. 이건 과학적 병기로 공격해 올 경우에 한해서이고, 야만적이고 열등한 방법의 공격이나 원시적인 폭력에 대해서는 루크에게 당한 것처럼 무력해. 그앤 그걸 미리 알고 있었던 모양이지?"

"뭘 그랬을라구?"

"마틴, 기분을 전환할 겸 우리 저 등성이에 올라가 보자."

캐시가 '미술관 뒷산' 으로 불리는 야산을 가리켰다.

1킬로미터 정도의 거리에 있는 산등성이는 온통 보드라운 풀로 뒤덮여 있었다.

"저 꼭대기에 올라가면 시드니 항만이 손에 잡힐 듯이 보이는데, 속이 다 시원해지는 것 같거든."

잠시 후, 세 사람은 미술관 뒷산 풀밭에 누워 있었다. 하늘엔 뭉개구름이 점점이 떠가고, 눈 아래엔 푸른 바다가 끝없이 펼쳐지고, 색색의 돛을 단 요트들이 푸른 물살을 가르고 있었다.

"흐음, 이곳은 공기가 참 달고 맛있구나!"

마틴은 숨을 길게 들여마셨다.

살랑살랑 살갗을 간지럽히는 보드라운 바람, 향기로운 풀향기, 따사로운 햇빛, 낮잠을 자기에는 안성맞춤의 환경이었다.

어느새 잠이 들었었는지 존은 누군가 몸을 흔드는 바람에 눈을 떴다.

"존, 저것 봐! 마틴 말야!"

캐시가 가리키는 마틴의 잠든 모습을 무심코 바라본 존은 "으악!" 외마디 소리를 질렀다. 마틴의 몸은 커다란 형광등처럼 희푸른 빛을 발하고 있었다.

고요한 물결처럼 흔들리고 있는 저 희푸른 광선은 무엇이란 말인가?

"캐, 캐시, 어떻게 하지?"

그때 마틴이 눈을 떴다. 동시에 빛을 발하던 광선은 일시에 확 꺼져 버렸다.

"존, 얼굴빛이 좋지 않은데, 무슨 일이니……? 아! 알겠다. 내 몸이 푸른 빛으로 빛나는 걸 본 모양이구나."

"그래, 정말 놀랐다.!"

"놀라긴……. 너희들도 마찬가진걸."

"무슨 말이야?"

"너희들이 잠들어 있을 때, 잠깐 눈을 떴었어. 캐시는 주황빛, 존은 연분홍빛으로 빛을 내고 있던걸."

"그럴 리가……? 한 번도 그런 말을 들은 적이 없어."

"지구인끼리니까 당연하지."

"지구인끼리는 왜 몸의 빛을 못 본단 말이니?"

"그건 지구인들의 선입관 때문이지. 누구는 이렇고, 누구는 또 저렇고, 하고 말이야."

"잘 이해가 안 가는데. 그런데 너는 왜 잘 때만 빛을 내는 거니?"

"나뿐 아니라, 우주의 생물이라면 모두 태어날 때 조물주로부터 제각기 생명의 불을 받고 태어나는 거다. 사람에 따라서 초록빛이기도 하고, 빨간빛 혹은 노란빛이기도 하지. 그런데 깨어 있을 때는 체면, 수치심, 허세 같은 베일에 가려 안 보이는 거야. 말하자면 아까 말한 여러 가지 선입관이 방해가 되어 생명의 불이 보이지 않는 거지."

"그럼 우리가 자고 있을때일망정 서로의 생명의 불빛을 보았다는 것은, 우리가 선입관이나 체면 같은 거 생각지 않고 알몸으로 사귀고 있다는 증거가 되겠네."

"그렇지. 계속 우리 잘 지내보자. 우리 별과 너희지구와의 친선에 도움이 될거야."

"마틴, 마치 우주 대사의 메시지같이 말하는구나."

"하하하……. 그렇게 들리니?"

유쾌한 듯 웃음을 터뜨린 마틴은 곧 심각한 표정이 되었다.

"내가 우주인이라는 것이 알려지면 골치 아픈 일이 일어날 거야. 너희들, 부탁인데 다른 사람에게 더 이상 내 얘기 않는 게 좋겠어."

"그건 어렵지 않아. 비밀을 지키지."

"너희들 가족들에게도 말야."

"지구인의 명예를 걸고 약속한다!"

월요일, 학교에서 돌아온 존은 오후 3시가 지난 시각에 캐시와 함께 유령의 집으로 갔다. 그런데 마틴은 마치 서커스를 하듯 베란다에서 훌쩍훌쩍 뛰어넘기를 하고 있었다. 어찌나 가볍게 높이 뛰는지 2미터 높이는 올라가는 것 같았다. 흡사 몸 전체가 용수철인 것처럼 보였다. 사정을 알아보니 맞은편 빌딩 베란다에서 서너 명의 여자애들이 이쪽을 열심히 바라보고 있었는데, 마틴은 그애들에게 자기의 장기를 보여주고 있었던 것이다.

여자애들이 짝짝짝 박수를 보내자, 마틴은 신이 나는지 이번에는 몸을 비틀어 뒤쪽으로 공중제비를 해보였다. 과히 초인적인 곡예라고 할 만했다. 멋진 동작으로 절을 하는 것을 끝으로, 마틴은 안으로 들어왔다.

"마틴, 저애들 네 친구들이니?"

"아냐, 캐시. 얘기를 나누어 본 일도 없는데, 곧잘 저렇게 나를 바라보는거야. 그래서 나도 가끔 같이 바라봐 주지."

"마틴, 정말 멋진 곡예였어! 정말 멋지다."

"존, 고마워"

"그런데 좀 경솔한 것 같다."

"왜?"

"그 여자애들만 네 곡예를 본 게 아니야. 저 빌딩에 들어 있는 어른들도 내다보던걸. 그 중엔 신문기자나 방송 기자도 있을 수 있어. 만일 그 사람들이 보았다면 네 얘기를 가만두겠니? 이 시드니 전체가 시끄러워질지 누가 아니?"

"정말 그렇구나. 그건 생각 못했어. 어떡하지?"

마틴은 솔직하게 자기의 경솔함을 시인했다.

"존, 앞으로 너와 의논하기 전에는 모험 같은 건 하지 않을게."

며칠 동안 잠잠하던 마틴은 주말이 되자 더는 못 참겠는지 존을 졸랐다.

"존, 시장 구경 좀 시켜 줘. 지구에 머물 시간은 앞으로 열흘도 안 남았어."

마침 캐시가 시장보기 심부름을 가는 길이었으므로 셋은 상점들이 많은 킹스크로스거리로 나갔다. 토요일 이어서 거리는 쇼핑 인파로 붐비고 있었다.

캐시는 언니가 적어준 메모지를 들여다보면서 식료품들을 사서 시장 바구니에 담았다. 마틴은 캐시가 값을 치르고 물건을 받을 때마다 상점 주인이 그걸 저한테 주는게 아닌가 하고 눈을 빛내며 뚫어지게 바라보고 있었다. 마틴의 흥미를 끈 것은 무엇보다도 캐시가 물건값으로 치르는 지폐와 동전이었다.

"왜 물건을 살 때마다 네모난 종이와 동그란 쇠붙이를 주는 거니?"

상점 한가운데서 큰 소리로 묻는 마틴의 뜻밖의 질문에 존은 조금 당황했다.

"글쎄……. 우리는 일한 만큼의 댓가를 그 종이와 쇠붙이로 받는단다. 그러니까 일을 많이 하고 잘한 사람은 그만큼 많이 받게 되는거지. 그래서 맛있는 음식을 마음대로 먹을 수 있게되는 거야."

"그건 가장 현실적인 방법일 뿐 아니라, 게으름뱅이를 없애는 가장 좋은 방법인걸. 우리 별에 돌아가면 얘기해야지. 종이와 쇠붙이 중 어느 쪽이 더 힘이 세니?"

"종이가 동전의 열 배 정도 되지."

"그렇구나. 기회가 있으면 나도 돈을 많이 가져 보겠어."

"그래 좋아. 그렇게 해봐."

존은 아무 생각없이 이렇게 말했는데, 이로 말미암아 얼마 후 큰 사건이 일어나게 될 줄은 전혀 예측하지 못했다.

우주인 소년 마틴은 상점의 진열장을 관심 있게 들여다보고 다녔다. 특히 도자기와 미술품에 관심을 가지고 하나하나 들여다 볼 때마다 호오! 하고 감탄의 소리를 냈다.

"내게도 돈이 있으면 좋겠다. 저것들을 모두 내 손에 넣을 수 있도록……."

"캐시, 마틴은 쇼핑광이 되려나 봐. 여기 너무 오래 있다가는 무슨 일이 일어날지 모르겠어. 이제 그만 돌아가는 게 좋겠어."

"그래, 나도 그 생각을 하고 있었어. 철물점만 가면 되는데, 거기 있을테니 마틴을 데리고 그리로 와."

마틴은 운동구점 앞에서 진열장 안의 축구공을 멍하니 입을 벌린 채 들여다보고 있었다.

"마틴, 이쪽으로 와 봐."

마틴은 휙 돌아보고는 돌아서서 부리나케 달려오다가 갑자기 체격이 건장한 젊은 남자와 정면으로 부딪쳤다. 순간 루크가 빰을 때렸을때와 똑같은 광경이 벌어졌다.

마틴은 2미터 정도의 높이로 훌쩍 튕겨 오르고는 두세 번 크게 되튕겨 오르내리다가 가까스로 가로등 기둥을 붙들고는 멈추었다.

"얘, 괜찮니? 괜찮아? 미안하다, 미안해……."

젊은이가 놀란 얼굴로 사과했다.

"괜찮아요, 염려 마세요."

마틴이 다치지 않은 걸 확인한 청년은 마치 SF영화 장면을 보고 난 것처럼 의혹의 눈빛으로 고개를 갸웃거리며 멀어져 갔다.

'마틴은 풍선과 같다. 누가 조금만 밀어도 몇미터 정도는 날아가 버릴 것이다. 자동차에라도 부딪친다면? 이거야말로 큰일이로군.'

철물점 역시 사람들로 북적거리고 있었다. 마틴은 여기서도 역시 상점 안을 두리번거리며 돌아다녔으므로 마음을 놓을 수가 없었다. 레이스 모자를 쓴 뚱뚱한 부인이 빨간색 쓰레받기를 고르는 걸 보고는 눈을 빛내며 다가가더니, 부인이 지갑을 꺼내어 계산을 치르려 하자, 부러운 듯 중얼거렸다.

"갖고 싶은 걸 이렇게 살 수 있다니, 얼마나 좋을까!"

"어머나! 너 재미있는 애로구나. 이 시드니에 사는 애니?"

깜짝 놀란 부인이 물었다.

"아녜요. 아주 먼데서 왔는데요, 저는 지금껏 돈이라는 걸 가져본 적이 없어요."

"돈 없이 여긴 어떻게 왔니? 무전여행이라도 하는 중이니?"

"마틴!"

존이 불안해서 그쪽으로 다가가자, 부인은 웬일인지 허둥대며 서두르는 듯했다.

"너 돈을 한 번도 가져본 적이 없다고 했지? 어디 한 주먹 쥐어보렴."

부인은 핸드백에서 한 웅큼의 돈을 집어내어 마틴의 손에 쥐어 주었다.

"고맙습니다. 갖고 싶은 걸 사겠어요."

마틴은 뛸 듯이 좋아하며 꾸벅 절을 했다. 부인은 무슨 영문인지 채 인사도 받지 않고 도망치듯 상점에서 나가 버렸다.

"마틴, 지금 뭐하는 짓이야? 네가 거지야! 남의 돈을 거저 받게. 빨리 돌려줘!"

"거저 받은 것 아냐. 내가 쓰레받기를 잠깐 들고 있었더니 그 대가로 준 거야. 너희들이 말하는 정당한 보수와 다를 게 없잖아?"

"마틴, 그 부인이 멀쩡한 사람이라면 모르는 사람에게 돈 같은 걸 주겠니? 게다가 어딘지 좀 수상한 냄새가 나……."

'들치기나 소매치기가 아닐까? 마틴에게 집어준 돈도 어디서 소매치기한 게 틀림없어.'

존은 마음이 급해서 마틴의 손목을 끌고 급히 밖으로 뛰어나왔다.

"자, 빨리! 그 돈, 빨리 돌려주지 않으면 큰일난단말야."

사건의 중대함을 알 리 없는 마틴은 존에게 끌려 나오면서도 돈을 소중한 듯 꼭 쥐고 있었다. 수상한 부인의 모습은 이미 사라지고 없었다. 존은 어떻게 해야 될지 난처했다. 언짢은 일은 또 있었는데, 길 건너편에 별로 만나고 싶지 않은 루크가 이쪽을 노려보고 있는 걸 알아챈 것이다. 뿐만 아니라, 방송국 기자로 보이는 사람과 함께였는데, 그는 검은빛 카메

라를 메고 있었다.

'루크 자식, 유령의 집에서부터 계속 뒤를 밟았는지도 모르겠군. 마틴을 특종감으로 점찍었나?'

"존, 말도 없이 가 버리면 어떡하니?"

캐시는 상점 안을 두리번거리다가 아무도 없자, 투덜거리며 거리로 나온 것이었다. 사건의 대강을 얘기들은 캐시는 존을 나무랐다.

"큰 소리로 수상한 여자를 부르면서 뒤쫓아 갔어야지, 그러면 주위 사람들이 도와 줬을 거 아냐!"

"몰라서 그러니? 만약 큰 소동이 벌어지면 마아틴이 곤란해지지 않겠느냐 말야?"

"마틴이 수상한 여자에게 돈을 받을 때 왜 말리지 못했니?"

"그럴 새가 없었어. 마틴은 눈 깜짝할 사이에 돈을 받아쥐었어"

"신고하는 게 어떻겠니? 증인은 네가 있잖아. 경찰은 지구의 평화와 관계가 없는 일이라면 마틴을 보호해 줄 거야"

"글쎄, 괜찮을까?"

"캐시, 이 돈 내가 쓰면 정말 나쁜 거니?"

마틴의 어린애 같은 물음에 캐시는 어이가 없었다.

“마틴, 네가 모르는 사람의 돈을 받았기 때문에 우리는 지금 너무 골치가 아프다. 우리 입장도 좀 생각해 줘야지.”

“그렇게 큰일이 되는 거야?”

“그래. 까닭 없이 돈을 받거나 줍거나간에 즉시 신고해야 되거든.”

“그래? 그렇게 골치 아픈 거라면 이렇게 하는 게 어때? 자, 봐!”

그때까지 꼭 쥐고 있던 주먹을 펴 돈을 들여다본 마틴은 갑자기 한복판을 향하여 뿌려 버렸다.

이 수상한 장면을 목격한 경찰관은 마틴을 조사하기 위해 경찰서로 끌고 갔다.

쫓기는 초능력의 우주인

"무슨 까닭이 있는지 모르지만, 우선 조서부터 꾸미도록 하자. 이름을 말해 봐?"

"저어……. 화성인 마틴이예요."

조서를 작성하던 경찰관이 펜을 놓고 마틴을 쏘아 보았다.

"뭐, 화성인, 너 가명이지? 경찰을 속이면 어떻게 되는지 알아!"

"아저씨, 화성인은 애 별명이고, 이름은 마틴 스미드가 맞아요. 그렇지?"

존이 다급히 말하며 눈을 깜빡이자, 마틴은 고개를 끄덕였다.

"그럼, 주소는?"

"바다가 가까운 빈집에 혼자 살고 있어요."

"갈데없는 부랑아로군그래. 동네 이름과 번지를 말해 봐?"

마틴이 대답을 못하자, 경찰은 의심스런 눈으로 마틴을 날카롭게 쏘아보았다.

"마틴 스미드, 그 돈 어디서 났지? 왜 돈을 거리에 뿌려서 그 소동을 일으켰어?"

"저어, 돈은 저 상점에서 처음 만난 사람이 준 거예요."

"돈 주는 걸 본 사람 있어?"

"네. 제가 보았어요."

존이 대답하자, 경찰은 존에게 물었다.

"그럼 돈 준 사람이 어떻게 생겼는지 말해 봐?"

"뚱뚱한 몸집에 레이스 달린 모자를 쓴 아주머니였어요."

"그래? 그럼 너, 마틴 스미드 군, 네 말대로 너는 처음 보는 여자한테서 이유없이 많은 돈을 받았다. 그런데 무엇이 두려워서 길거리에 뿌렸지?"

경찰이 유도 심문을 해도, 우주인 마틴에게 통할 리가 없었다.

"저는 두려움 같은 건 모릅니다. 다만 그 돈을 가지고 있으면 내 친구들에게 귀찮은 일이 일어날까 봐서 그런 겁니다. 그런데, 결국 귀찮은 일이 일어났군요."

"너, 아까부터 보자보자하니까 안하무인이로구나. 경찰을 뭘로 아는거야!"

"제가 무얼 어쨌게요?"

방안에 긴장감이 감돌았다. 사태가 더 악화되기 전에 마틴의 신분을 알리는 것이 현명하다는 생각을 하고 있을 때, 출입문이 벌컥 열리며 한 남자가 뛰어 들어왔다. 루크와 같이 있던 사람이었다.

"실례합니다. 알아볼 게 있어서 왔는데요."

경찰은 노크도 없이 뛰어든 남자를 수상쩍게 노려 보았다.

"뭐요? 지금 바쁘니까 길을 물어 보려거든 교통 순경에게 물어 보시오."

"당신에게 용건이 있어 왔소. 당신, 민중의 지팡이로서 미성년자를 인격적으로 대하고 있다고 생각합니까? 대답해 보시오."

"당신 뭐요? 나는 지금 취조중이요. 방해하지 마시오."

"미성년인 소년에 대하여 좀 지나치다고 생각지 않소?"

경찰의 얼굴에 귀찮은 녀석이 뛰어들었다는 기색이 역력했다. 남자는 그 찬스를 놓치지 않고 재빨리 마틴에게로 시선을 돌렸다.

"너 나를 알아보겠니?"

“뜻밖에도 마틴이 남자를 알고 있는 데에 존은 놀랐다.”

“마틴, 정말 너 이분을 알고 있니?”

“며칠 전 공원에서 만난 적이 있어. 루크의 친구라고 자기를 소개하며, SD통신의 취재 기자인데, 소년의 입장에서 시드니 생활이 어떠냐고 물었었어.”

'SD통신의 기자라면 루크에게서 여러 가지 것을 알아냈을 게 틀림없어. 그런데 왜 여기 뛰어들어왔지? 더 복잡하게 되는 건 아닐까……?'

남자는 녹음 테이프를 달카닥 소리가 나게 넣고는 마틴을 향해 질문을 시작했다.

"마틴, 무슨일로 경찰서에 오게 되었지?"

마틴은 대단한 빽이라도 만났다고 생각했는지 밝은 표정으로 조금 전에 있었던 사건의 경위를 얘기했다.

"그만한 일로 여기 끌려왔단 말이지? 정말 어이가 없군. 여보시오, 경찰관 양반, 당신의 처사가 불공평하지 않소?!"

"이봐요! 당신, 이 아이의 보호자요 뭐요? SD통신기자라면 신분증을 보여주시오."

경찰은 몹시 불쾌한 얼굴로 마틴은 제쳐두고 SD통신 기자에게 화살을 돌렸다.

누군가 뒤쪽에서 존의 팔을 가만히 잡아당겼다. 루크였다. 루크는 턱으로 바깥을 가리켜 도망치자는 신호를 보내고는 조용히 사라졌다. 존은 즉각 알아차렸다.

'때는 지금이다. 도망치자!'

기자는 경찰을 상대로 어려운 과학용어를 주워 대며 논쟁을 계속하고 있었다.

"세상에는 과학의 힘으로도 설명할 수 없는 여러 가지 현상이 있게 마련이요……."

기자와 루크는 공동 작전을 펴고 있는 것 같았다.

존은 캐시의 치맛자락을 슬그머니 잡아당겼다. 캐시도 즉각 알아채고 고개를 끄덕였다. 곤란한 것은 마틴이었다. 어떻게 신호를 보낼 것인가?

'참 그렇지! 마틴의 몸은 중력 관계로 풋볼만큼이나 가볍지 않은가!'

생각이 이에 미치자, 존은 마틴의 셔츠 자락을 거머잡고 총알같이 밖을 향해 뛰었다. 생각한 대로 마아틴의 몸은 부웅 공중에 뜬 듯 끌려 왔다.

"서라! 거기 섯!"

경찰의 외치는 소리를 듣는 순간 양심의 가책을 느꼈으나 뒤돌아설 수는 없는 노릇이었다. 존도, 캐시도, 그리고 루크도 날 살려라 하고 달렸다. 대낮의 도주였다.

카알턴 거리로 향하는 완만한 내리막길. 헉헉 숨을 몰아쉬며 달리던 루크가 숨가쁘게 소리쳤다.

"마틴, 넌 깃털처럼 날 수도 있구나."

존은 마틴이 난처한 입장에 처했을 때 구세주처럼 나타난 루크가 의심스러웠다.

숨을 헐떡거리며, 유령의 집 앞에 다다랐을 때에야 존은 중대한 단서를 경찰서에 남기고 온 걸 깨달았다.

"캐시, 야단났다. 아까 경찰서에서 마틴의 집 위치를 말해 버렸잖아!"

"어머, 정말! 하지만 경찰이 찾아온다고 마틴이 체포를 당하겠니? 푸른빛으로 변해서 난로 속으로 들어가 버리겠지."

"정말 그렇구나!"

"오늘 고마웠다. 잘들 가!"

마틴은 피곤한지 간단히 손을 흔들고는 유령의 집 안으로 들어가 버렸다.

"루크, 오늘 네 덕분에 위기는 면했다만, 마틴은 수배 인물이 되어 버렸어. 앞으로 어떻게 될지 걱정이다."

"글쎄, 사실 나는 아침부터 여기서 잠복을 하고 있었어. 그 SD통신 기자와 함께. 그러다가 너희들의 뒤를 미행했던거야."

"그랬구나. 전혀 눈치채지 못했어."

"번화한 거리로 마틴을 데리고 가는 것을 보고 경솔하다고 생각했어. 꼭 무슨 엉뚱한 일이 일어날 것만 같아서 말야."

"그래. 그건 나의 실수였어. 그런데, 그 기자라는 사람, 믿을 수 있는 사람이냐?"

"나도 몇 번 만났을 뿐이라 잘은 모르는데, 머리 회전이 빠르고 좋은 사람인 것만은 확실해. 마틴의 얘기도 녹음해 놓은 것 같아."

"그럼 마틴의 정체를 알고 있다는 거냐?"

"응, 알고 있어."

"그 사람, 비밀을 지켜줄까"

"특종을 얻기 위해서는 목숨도 건다는 직업 기자야 하지만 경찰에서 본격적으로 조사를 하면, 마아틴은 물론 너희들이나 고양이 할멈까지도 무사하지 못할 거야."

캐시의 얼굴이 하얘졌다. 경찰서에서 도망쳐 온 것이 후회스런 모양이었다.

"존, 네 초록색 셔츠 어딨니? 그거 빨아야 하는데, 안 보이는구나."

어머니의 말씀에 존은 가슴이 철렁 내려앉았다.

"저어……. 사실은요 어머니, 친구들과 울무울에서 바다 헤엄을 쳤었어요."

"그래, 셔츠는 어찌 됐느냐구?"

"저어 그게……. 헤엄을 치고 나와 보니까 누가 가져가 버리고 없었어요."

"아무데나 벗어 두니까 그렇지. 고급 셔츠인데. 그래, 찾을 가망은 전혀 없는 거냐?"

"몰래 가져갔는데, 누가 내놓고 입고 다니겠어요. 찾기는 어려울 것 같아요."

"그럼 이렇게 하자. 앞으로 열흘 안에 셔츠를 못 찾으면, 네가 셔츠 값을 내거라. 다음 달 용돈에서 말이다."

"그, 그건 너무 심해요. 어머니!"

"그러니까 탐정 노릇이라도 해서 이 시드니 시내를 찾아다녀 보렴."

셔츠 생각을 하며, 오후에 유령의 집에 가보니 마틴은 집 안 어디에도 없었다.

"자식, 남의 사정도 모르고 어디를 어정거리며 돌아다니고 있담!"

이층 창문에서 바다 쪽을 바라보고 있으니까, 공원 쪽으로부터 마틴이 돌아오는 모습이 보였다.

"야, 마틴. 어디를 돌아다니는 거니? 넌 지명 수배자라는 걸 알아야지. 경찰이 언제 너를 잡으러 들이닥칠지 누가 아니?"

"난 미리 알 수 있으니까, 숨어 버리면 돼. 오늘 아침엔 참 재미있었는데……."

"한가한 소리 하고 있네. 경찰은 이미 이 시드니 시내에 거미줄 같은 수배망을 쳐 놓았을 거다. 수상한 소년의 행방을 찾기 위해서 말야."

마틴은 비로소 사건의 심각함을 조금은 알아챈 모양이었다.

캐시가 숨을 헐떡거리며 달려왔다.

"존, 지금쯤 경찰은 이 집의 위치를 알아냈는지도 몰라. 곧 들이닥칠지 누가 아니?"

"우리, 다같이 다른 데로 숨어야 하는 거 아니니!"

"너희들까지 피하게 할 순 없어. 내가 직접 경찰서에 가서 사실대로 털어놓겠어."

"안돼! 그건 서투른 짓이야. 경찰들이란 모두 꽉 막힌 돌대가리들이야. 얘기를 들으면 널 정신병자 취급을 하고 정신병원에 보낼지도 몰라."

"우주인이라는 증거를 보여주면 안 될까? 경찰서장 앞에서 고무공처럼 길길이 뛰어보일테다."

"그러면 경찰은 너의 초능력을 믿겠지만, 네가 진짜 우주인이라는 걸 알면 널 당장에 우주 스파이라고 의심을 할거다."

"우주 스파이?"

"그래. 지구의 정복을 노리는 다른 별에서 파견된 소년 스파이라고 말이야."

"무엇 때문에? 우리는 또 하나의 별을 갖고 있어서 전혀 그럴 까닭이 없는 걸."

"지금은 모르지만, 앞으로 몇십 년이 지난 뒤 인구의 팽창으로 식량이 모자라게 되고 땅이 부족하게 되어 봐. 너희 별은 우리 지구보다 과학이 발달해 있는 만큼 대기오염이나 환경 오염으로 골치를 앓게 되겠지. 그렇게 되면 당연히 깨끗한, 새로운 땅을 정복하고 싶지 않겠어? 새로운 영토에 대한 야망은 우주인이나 지구인이나 마찬가지 일거야."

"하하하! 존, 네 말대로 그렇다 해도 새로운 땅을 욕심내는 사람은 없어. 남의 땅을 침략하기보다는 자기네 땅을 개선하는 쪽이 더 건설적이지 않겠니?"

"네 말이 백 번 옳다. 그런데, 경찰이 그걸 믿어 주겠어?"

잠자코 듣고만 있던 캐시도 머리를 끄덕거렸다.

"그래, 마틴. 지금 당장은 존의 말대로 피하는 것이 좋겠어. 안 그러면 네 지구 여행은 정말 불유쾌한 것이 되고 말거야."

"너희들의 마음 알겠어. 이 지구에서는 공권력에 반항한다는 것이 미덕이 되는 수도 있구나."

마틴은 할 수 없다는 듯 존의 의견을 받아 들였다.

“이제 얼마 후면 너희들과의 즐거운 지구 생활도 끝인데…….”

“벌써 그렇게 되었구나! 그런데, 마틴, 타고 갈 기계는 어떻게 되었니?”

존은 어딘가에 일인용의 반투명 우주선이라도 숨겨둔 게 아닌가 생각하고 물었다.

“그날 우주 비행접시가 오기로 되어 있어. 사실은 어젯밤에 연락이 왔었어.”

“응, 그랬구나. 참, 그런데, 그 후로 고양이 할멈 여기 왔었니?”

“우리들이 뒤를 쫓아간 뒤로 한두 번 더 나타났었어. 내가 있는 걸 알고는 부랴부랴 도망쳐 버리던걸.”

‘혹시 고양이 할멈이, 마틴이 여기 살고 있다고 믿고한 건 아닐까? 그렇다면 여기서 꾸물거려서는 안되겠다.!’

“캐시, 어디 숨을 만한 곳이 없을까? 경찰이 잘 모르는 곳 말이야.”

“글쎄……. 아참, 동물원이 좋겠다. 어때, 존?”

“좋은 생각이다. 동물원에서 경찰을 만난 기억은 없어. 게다가 아이들이 많이 오는 곳이고 말야. 신기한 동물도 많으니까 마틴도 좋아하겠지."

세 사람은 지체없이 동물원을 향해 떠났다. 부두에서 연락선을 탄 지 약 한 시간 뒤에 타롱거 동물원에 도착할 수 있었다.

마틴을 동물원에 데리고 온 것은 잘 한 일이었다.

마침 토요일이었으므로 가족 동반의 입장객들로 몹시 붐비고 있었기 때문이다.

마틴은 대단한 흥미를 보였다. 우리 밖의 동물들을 구경하는 것만으로도 충분히 즐거웠으나, 우리 안의 사자, 원숭이, 기린, 호랑이 등 동물들에 더욱 관심을 보이고 있었다. 우리 속의 동물들은 과연 영특한 동물이었다. 그 많은 구경꾼들 중에 단 한 사람, 별 세계 사람인 마틴을 알아보고는 이빨을 드러내고 으르렁거렸던 것이다.

"저놈들, 뭣 때문에 저렇게 무섭게 야단들이지?"

동물들이 제 냄새를 맡고 그러는 줄을 알 리 없는 마틴은 고개를 갸웃거렸다.

코끼리 우리 앞에서는 코끼리가 마틴을 보고 괘액! 하고 기묘한 울음소리를 내서 깜짝 놀랐다. 그놈은 온순하기로 이름난 동물이었는데, 앞발을 높이 쳐들고 괴상한 소리를 질러댔으므로 직원이 놀라서 달려왔다. 일행은 황급히 그곳을 떠났다.

일요일, 캐시와 데이비드, 엘리자베드까지 불러 시드니 바다에서 낚시를 하는 걸로 오전 시간을 보냈다. 물론 마틴도 함께였는데, 마틴은 세상에 나서 처음 해보는 것이라며 재미있어했다.

오후 4시 경, 존이 캐시와 함께 유령의 집에 가보니 마틴이 집에 없었다. 불길한 예감으로 초조히 기다린 지 반 시간이나 지난 시각에 마틴은 돌아왔다.

"외출을 하려면 메모라도 남기고 갈 것이지……."

불안한 마음으로 기다리고 있던 캐시가 불만스럽게 말했다.

"그랬으면 좋겠는데, 지구인의 글자를 쓸 줄 알아야지……." "정말 그렇구나. 음……. 내게 좋은 생각이 있다. 잠깐 기다려"

캐시는 저희 집으로 뛰어가서 12가지 색 크레용과 작은 스케치북을 가지고 왔다.

"마틴, 너희 별에도 이런 것 있니?"

"아냐. 처음 본다. 이 빛깔 있는 막대기는 먹는 거냐?"

"어머나! 먹는 거냐구?"

캐시는 깔깔 웃으며, 크레용으로 스케치북에 꽃과 나무 그림을 그렸다. 마틴은 신기한 듯 눈을 별처럼 빛내며 보고 있었다.

“나는 그림이란 걸 한 번도 그려본 적이 없다. 캐시처럼 잘 될지는 모르지만, 한 번 해볼게.”

그림을 그리는 마틴의 어설프기 짝이 없는 손놀림을 보고 존은 유령의 집에서 본 그림이 마틴의 것이 아니란 걸 확신했다. 마틴은 코끼리와 표범을 그려 놓았다. 동물원에서의 시간이 가장 인상 깊었던 모양이었다. 제 고향 별의 풍경이라도 그려주었으면 하고 기대했지만, 계속 동물만 그리고 있었다.

“마틴, 다음에 외출할 땐 산책하는 네 모습을 그림으로 남겨 둬.”

만일 마틴이 자화상이라도 그려 놓는다면 마틴의 진짜 모습을 아는 데 도움이 될 것 같아서 한 말이었으나 그런 기대는 보기좋게 묵살되고 말았다. 마침내 두려워하던 일이 일어나고 말았던 것이다.

그림으로 남긴 SOS

월요일, 학교에서 돌아오기가 무섭게 유령의 집으로 달려간 존과 캐시는 마틴이 집에 없었기 때문에 어떤 그림을 그려놓았을까, 잔뜩 궁금해 하며 방으로 들어갔다.

"어제 그렇게 일러두었으니까 그림 메모를 남겼을거야……."

캐시가 중얼거리며 방으로 들어서다가 "앗!" 하고 비명을 질렀다. 방 한가운데에 어제 선물로 준 크레용과 스케치북이 어지럽게 흐트러져 있었다. 마틴에게 무슨 일이 일어난 것일까? 불길한 예감으로 존은 펼쳐져 있는 스케치북을 들여다보았다.

왼쪽 페이지에 고양이 할멈 같아 보이는 여자와 레이스 모자를 쓴 여자의 그림이 그려져 있었다.

"이 여자, 요전날 문제를 일으킨 그 여자가 분명해. 철물점에서 마틴에게 돈을 준 수상한 여자 말야. 기억을 더듬어 그린 그림 치고는 특징을 잘 나타냈는데……"

오른쪽 면에는 제복의 경찰과 고삐와 안장을 한 말이 그려져 있었다.

"존, 이건 무슨 뜻일까?"

"캐시, 큰일났다. 이러고 있을 때가 아냐! 이건 마틴의 암호 편지야. 그림으로 SOS야!"

"설명을 좀 해봐!"

"이것 봐. 첫페이지부터, 이건 고양이 할멈이 여기 나타났다는 걸 알려주는거야."

"그, 그렇구나! 그럼 레이스 모자의 여자는……?"

"마틴은 이 두 여자가 서로 연관이 있다는 걸 육감으로 안 모양이야. 이것 봐. 두 여자가 어딘가 닮았지 않니? 이 말과 경찰의 얼굴을 봐. 마틴이 왜 말을 그렸겠니? 동물원에서도 말을 보지 못했어. 더구나 안장과 고삐까지? 어디서나 쉽게 볼 수 있는 건 아니지 않니?"

"앗! 정말 그렇구나!"

"이건 시드니 시의 기마 경찰이야. 순서대로 정리를 해보

자. 먼저 고양이 할멈이 나타났다. 마틴을 보고는 비겁하게도 경찰에 밀고를 한거야. 마틴의 걸음이 빠른걸 알고 있는 경찰에서는 곧 기마 경찰을 이곳으로 보낸거야. 마틴은 초능력으로 피했으면 되는데, 우리에게 편지 그림을 남기려고 하다가 붙잡힌 거야."

"가엾은 마틴! 어떡하니?"

캐시가 발을 동동 구르며 울먹였다.

"캐시, 이 상황은 우리의 추리이긴 하지만, 마틴이 사라져버린 것만은 분명해. 루크와 의논해서 행방을 알아보자."

존은 공중전화로 루크에게 전화를 걸어 현재의 상황을 설명했다.

"존, 그애 몇 살이라고 그러든?"

"열 한 살이라고 그러든데……."

"그럼 경찰에 가서도 열 한 살이라고 그러겠지. 아무튼 SD 통신의 에번스 씨에게 의논해 볼 테니, 조금 있다가 다시 전화해 줘."

불과 10여 분 정도 기다렸으나, 그 시간이 굉장히 오래인 것처럼 느껴졌다.

"에번스 씨가 그러는데, 경찰이 마틴을 보호하고 있다면 걱정 안 해도 될거래. 미성년자이기 때문에 청소년 선도 위

원회로 넘겨져, 거기서 집으로 돌려보내거나, 부모님을 호출할거래."

"루크, 마틴의 부모는 몇천 광년이나 떨어진 별에 있잖니!"

"그러니까 마틴은 청소년 보호소로 보내겠지."

"루크, 마틴이 먹는 것이라곤 별나라에서 가지고 온 비스켓 뿐인데, 그대로 두다가는 굶어죽게 될지도 몰라. 어디 있는지, 먹을 걸 차입해 주지 않으면 안된단 말야."

"그건 정말 큰일인데. 에번스 씨에 의하면, 보호소엔 오늘 밤 8시가 지나야 수용될 거래. 지금 가봐야 허탕일 테니 내일 방과 후에 가보도록 하자."

화요일 오후까지의 시간은 존에게 참으로 길고 긴 시간이었다.

학교에서 돌아온 존은 혹시나 하는 마음으로 유령의 집에 가보았다. 마틴은 역시 집에 없었다. 난로안을 살펴보니 비스켓이 들어 있는 봉지가 있었다.

"마틴의 열흘 치 식량이 들어 있군. 좋아! 이걸 선물로 가져가야지."

존은 그걸 호주머니에 집어넣고, 울무울에서 버스를 탔다.

'세인트 클리어 청소년 보호소'라고 간판이 걸려 있는 그곳은 아이들이 도망치는 것을 막기 위해서인 듯 철조망으로 담벼락이 둘러쳐져 있는 것 말고는 학교 건물과 다른 점이 없었다.

정문 사무실로 가려던 존은 꼬치꼬치 캐물을 것 같아 그만두고, 담벼락을 따라 뒤쪽으로 돌아가 보았다.

어느 한 곳에 주먹이 하나 들어갈 정도의 구멍이 뚫려 있는 걸 발견했다. 눈을 대고 안쪽을 들여다보았다. 십여 채의 건물이 줄지어 서 있고, 잿빛 셔츠를 입은 소년들이 드나들고 있었다. 시계는 오후 4시를 가리키고 있었다. 마틴은 어떡하고 있을까?

갑자기 한 건물에서 소년 하나가 도망치듯 뛰어나왔다. 소년은 재빨리 마당 한쪽에 서 있는 오동나무 뒤에 몸을 숨겼다. 소년의 뒤를 눈으로 쫓던 존은 갑자기 숨을 죽였다. 소년의 뒷모습이 눈에 익었던 것이다.

"앗! 마틴이다!"

대뜸 알아보지 못한 것은 초록색 셔츠 대신 재빛 셔츠를 입고 있었기 때문이었다.

"내가 준 고급 셔츠를 벗겨내고 저런 형편없는 걸 입혀 놓다니! 재판을 해서라도 초록 셔츠를 꼭 찾아 낼 테다!"

그걸 찾지 않으면 다음 달 치 용돈이 줄어든다고 생각하니,

초록빛 셔츠를 벗겨간 상대에 대한 분노가 끓어올랐다.

"마틴! 마틴!"

구멍으로 손을 들이밀고 흔들어 대자, 두리번거리던 마틴은 곧장 다가왔다.

"존, 잘 와 주었다. 내가 여기 있는 줄 어떻게 알았니?"

"네가 남겨 놓은 그림과, 또 루크의 도움을 받았지. 역시 넌 기마 경찰한테 붙들려 온거지?"

마아틴은 힘없이 고개를 끄덕였다.

"마틴, 배 고프지? 이거 받아."

존은 구멍으로 난로 앞에서 꺼내온 비스켓을 들이 밀어 주었다.

"존, 고마워. 넌 정말 눈치가 빨라. 여기 음식은 아무것도 먹을 수가 없어서, 배가 고파 죽을 뻔했어."

마아틴은 정말 배가 고팠던 듯 이틀 분인 두 개나 먹어치우고는 기운을 차렸다.

"마틴, 왜 도망치지 않니? 넌 부랑아도 아니고 남에게 해를 끼친일도 없는데, 더구나 지구인이 아니므로 지구의 법을 따라야 할 이유가 없잖아!"

"그건 그렇지 않아. 지구에 온 이상 지구 법을 따라야 한다고 생각해. 우리 별을 대표해서 지구에 온 내가 도망을 친다면, 우리 별의 명예를 더럽히는 일이 되는 거야. 그러니까 만약 내가 사형을 당하게 된다해도 난 도망치지 않을 테야."

"너 정말 잘났다. 옛날에는 그런 행동을 영웅으로 떠받들었는지 모르지만, 지금은 세상이 달라졌다는 걸 알아야지."

"뭐라고 해도 좋아. 난 여기서 견디어 내겠어."

"그래. 내 맘대로 해! 그런데 너, 경찰에서 네가 우주인이라는 걸 밝혔니?"

"응, 경찰 말고 다른 사람도 있었어."

"아마 청소년 선도위원일거야. 그래, 그분이 뭐라든?"

"가만히 바라보고 고개를 끄덕이던걸. 나를 정신 이상자로 보는 것 같았어."

"증거를 보이지 그랬니? 높이 튀어오르는 네 장기말야"

"물론 해보였지. 하마터면 천장의 샹데리아 전등까지 깨뜨릴 뻔한걸. 그 사람들이 뭐라고 한 줄 아니? '이앤 영락없는 곡예사로군. 서커스나 곡마단에서 혹독한 훈련을 받은게 틀림없어.' 그러고는 나를 이곳으로 보내더라구."

안에서 댕그렁댕그렁 종소리가 울리기 시작했다.

"집합 종소리야. 잠깐 혼자 있고 싶어 나왔었는데, 가봐야겠어."

"알았어. 어서 가봐!"

마틴은 돌아서려다가 구멍에 대고 빠르게 지껄였다.

"네가 준 초록색 셔츠 말야. 여기 있는 여자에게 빼앗겼어.

하지만 걱정마. 내 꼭 찾을 테니."

"자식, 되게 성실하네. 우주인의 신용엔 정말 놀랐는걸!"

수요일. 학교가 끝난 뒤 캐시한테 가는 길에 유령의 집에 들른 존은 정원에서 고양이 할멈이 수많은 고양이들에 둘러싸여 먹이를 주고 있는 걸 보고 놀랐다.

존이 다가가자, 고양이 할멈이 먼저 말을 건넸다.

"얘, 너 여기 살고 있던 이상한 사내아이와 친구냐?"

"예, 그런데요?"

"그애, 어떻게 된거냐? 그저께부터 통 보이지가 않으니……. 적당한 때 이 집을 잘 나가긴 했다. 곧 철거된다니까. 나도 이 고양이들과 이제 마지막이란다."

마틴이 여기 살고 있다고 할머니가 밀고한 게 아니냐고 묻고 싶었지만, 그런 이야기를 할 시간이 없었다.

캐시네 집 앞에 다다랐을 때, 갈색 보자기를 들고 부리나케 나서는 캐시와 마주쳤다.

"존, 지금 막 루크한테서 전화가 왔었어."

"뭐라고?"

"SD통신의 에번스 씨가 그랬다는데, 마틴의 비밀을 지키려면 청소년 보호소에서 탈출해야 한다고 말야. 거기 있는 건 여러 가지로 위험하다는 거야."

어제 마틴을 만나고 돌아오면서 루크에게 전화로 연락을 해두었었다. 무슨 좋은 방법이 없을까 하고. 세인트 클리어로 가는 버스 속에서도 내내 그 생각에 골몰했다.

"잠을 잘 땐 몸이 푸른 빛의 광선으로 빛나는데, 다른 애들이 그걸 본다면 어떻게 될까? 어젯밤엔 무사했을까?"

걱정은 꼬리를 물고 이어졌다. 정류장에 내렸을 때, 전속력으로 청소년 보호소 정문을 통과하고 있는 119구급차를 보았다. 사닥다리를 갖춘 소방차였다.

"앗! 119차다! 무슨 일일까? 불난 곳도 없는 것 같은데?"

소방차는 위급한 사이렌 소리를 내며 멈췄다. 이상히 생각하던 존은 곧 놀라운 광경을 목격했다.

"아! 저것 봐!"

보호소 중앙 건물의 깃대를 꽂는 긴 장대 꼭대기에 한 소년의 모습이 보였던 것이다. 소년은 마치 의자에 걸터앉은 듯이 오똑 앉아 있었다.

"존, 야단났다. 저거 마틴이야!"

"그래, 어떻게 저기까지 올라갔을까?"

"어떡하니? 잘못해서 떨어지는 날에 즉사하고 말텐데……."

건물로 들어가는 정문은 열려 있었다. 구경꾼들이 꾸역꾸

역 들어가고 있었다.

구내로 들어가니 마틴의 모습이 더욱 확실히 보였다. 깃대는 10미터 높이는 족히 되어 보였는데, 바람에 조금씩 흔들거리는 게 보였다.

소장인 듯한 50대 남자가 마이크에 대고 소리치고 있었다.

"어어이, 마틴! 빨리 내려와라! 내려오면 내 난폭한 행동을 용서해 주겠다!"

"마틴이 난폭하다니? 이건 무슨 오해가 있었던 것 같은데?"

존은 구경꾼 중의 한 사람에게 시치미를 떼고 물어보았다.

"저애는 왜 저런 위험한 짓을 하는 거죠?"

"글쎄, 나도 얘길 들었는데, 오늘 아침 이곳의 담당의사가 진찰을 하기 위해서 청진기를 꺼내니까, 저애가 갑자기 사람 살리라고 소리를 지르며 청진기를 빼앗아 바닥에 내동댕이 쳤단다. 그리고 의사를 밀쳐내 버리고는 뛰쳐나갔대."

'가엾은 마틴! 청진기를 처음 보고는 그 시커먼 것에 놀랐을 것이다.'

"그래서 야단법석이 났단다. 그런데 저애는 감쪽같이 사라졌다는 거야. 도망친 걸로 단정하고 경찰에 연락하려는데, 갑자기 건조실에 나타났다지 뭐냐.

"빨래 건조실에 말예요."

"그렇다는구나. 그래서 붙잡으려고 한바탕 야단법석을 떨었는데, 여러 사람에게 쫓겨서는 저 꼭대기로 올라갔단다. 곡마단에 있던 애라 아주 가볍게 잘 올라갔다는구나."

존은 재미있어 하며 한가로히 마틴을 올려다보는 사람들에게 화가 났다.

"존, 저대로 있다가는 우주 비행접시가 오기도 전에 마아틴이 굶어죽는 게 아니니!?"

캐시가 안타까워하는데 한쪽에선 소장이 또 고래고래 소리를 지르고 있었다.

"마틴, 앞으로 일분만 더 기다리겠다. 만약 내려오지 않으면 소방대원이 사다리를 타고 올라가 널 붙잡겠다. 알겠나?"

마틴은 여전히 깃대 끝에 앉은 채로 곰곰이 무언가를 생각하는 모습이었다.

존은 마틴을 부르고 싶은 걸 아까부터 꾸욱 참고 있었다.

일 분이 지나갔다. 깃대 아래에 그물이 쳐지고 소방차의 쇠사닥다리가 슬슬 길어져서 깃대 꼭대기에 닿고 있었다. 소방대원이 굵은 밧줄을 몸에 감고 사닥다리를 오르기 시작했다.

소방대원이 한 칸 한 칸 위로 오를 때마다 존은 심장이 오그라드는 것 같았다. 마틴이 저를 붙잡으려는 소방대원을 확 밀쳐 버리려고 하는 건 아닐까? 아아, 그런 일이 일어나는 날이면! 오. 하느님!

숨을 죽이고 지켜보는 가운데, 마침내 대원은 바싹 다가갔다.

"우선 이 밧줄을 받아라. 이걸 네 허리에 둘러메고 나서 손을 이리 내."

마아틴이 들은 체도 않자, 대원은 화난 몸짓으로 손을 쑥 내밀었다. 그러자, 믿을 수 없는 놀라운 광경이 일어났다. 마아틴의 몸뚱이가 청백색으로 확 빛을 낸 것이다. 그것은 순간적이었다. 마치 플래시가 번쩍 터지는 순간처럼. 마틴의 모습은 순식간에 공중에서 사라져 버렸다.

구경하던 사람들은 한동안 어리벙벙하여 멍하니 공중만 쳐다보고 있다가 뒤늦게 와글와글 떠들기 시작했다.

"굉장한 고등 마술이다."

"모두 최면술에 걸렸던거야."

"범죄 냄새가 나는데? 사람들의 시선을 깃대 꼭대기에 집중시켜 놓고 한편에선 끔찍한 범행을 저지른 놈이 있을 것 같단 말야."

마틴의 초능력을 알고 있는 존에게도 전혀 짐작이 가지 않는 사건이었다. 그것이 최면술이라면 마틴은 청백색의 광선으로 구경꾼들의 눈을 어지럽혀 놓고 깃대를 스르르 타고 내려와 도망친 것이라고 생각할 수도 있다.

그때, 뒤쪽에서 두 사람이 은밀히 주고받는 얘기가 귀에 들려왔다.

"교수님, 이곳 의사 선생님 말대로 그 소년을 과대망상증

환자라고 생각하십니까?"

"하워드 군, 사실 나는 아까 의무실 옆방에서 그 소년을 관찰했었네. 30년 동안 정신의학을 연구한 경험과 명예를 걸고 말하네만, 그 소년은 과대망상증 환자이긴 커녕 그 반대야. 엄청난 능력과 아이큐의 소유자란 말이네. 나는 그 소년이 과연 어디서 왔는지 대단한 흥미를 느끼고 있어."

"그럼 교수님은 그 소년이 초능력으로 저 높은 깃대 위에서 아래로 뛰어내렸다고 생각하십니까?"

"그럴 가능성도 없지 않지. 그러나 그런 모험은 하지 않았을 거야. 청백색 섬광으로 우리 눈을 잡아놓고 회의실 지붕으로 내려와, 슬그머니 구경꾼들 틈에 끼어 달아난게 아닌가 생각해."

"그렇다면 소장에게 빨리 알려줘야 하지 않겠어요?"

"아냐, 이젠 늦었어. 그리고 하워드 군. 성급해 할 것 없어. 나는 사차원의 능력을 가진 그 소년을 다시 만날 가능성이 있으니까."

"네? 그게 무슨 말씀이세요?"

이때 교수라고 불린 사람은 주위에서 누군가 귀를 기울이고 있다는 걸 알아채고는 깜짝 놀라 황급히 다음 말을 삼켜 버렸다.

"캐시, 지금 그 교수의 얘기 들었지. 마아틴이 섬광으로 구경꾼들의 눈을 잡아놓고 뛰어내렸을지도 모른다고 하는 말 말야."

"그래, 홈통을 타고 미끄러져 내린 것이 아니냐고 한 네 생각과 좀 비슷하다. 하지만 그 어느 쪽도 아닐거야. 어떻게 그 많은 사람들의 눈을 속일 수 있겠어?"

"역시 그래. 홈통을 타고 내리거나 뛰어내리거나간에 아무래도 사람들의 눈에 띄었을 거야. 하지만, 홈통 속으로 내려온다면 얘기가 달라지잖니?"

"존, 너까지 머리가 어떻게 된 거 아니니?"

"넌 마틴이 초능력자라는 걸 잊었니? 그앤 필요하다면 제 몸을 반딧불로도 변하게 할 수 있어. 조그만 개똥벌레 불로 저 홈통을 미끄러져 빠져나온다면 누가 알겠니?"

"어머나, 존! 멋진 생각이다. 굉장한 추리야!"

구경꾼들은 물론 소년들까지 동원되어 보호소 안의 구석구석을 뒤지고 있었다.

존과 캐시는 우선 홈통을 조사했다.

"마틴! 마틴! 어디 있니?"

"홈통에 연결되어 있는 배수구에 대고 가만히 불러 보았으나, 아무 대답이 없었다."

"존, 저거 봐. 가스 미터기 박스 말야. 마틴이 숨어 있곤 하던 유령의 집의 난로와 비슷하지 않니? 어쩜 저 속에 숨어 있을지도 몰라."

"정말 그럴듯하다! 한 번 들여다보자."

가스 미터기 박스의 열쇠 구멍으로 안을 들여다보던 캐시는 눈을 번쩍 뜨며, 존에게 구멍을 가리켰다.

존은 눈을 바싹 대고 들여다보았다. 어둠 속에 청백색으로 빛나는 광선! 그것은 틀림없는 마틴의 생명의 빛이었다.

"마틴! 나야. 지금 아무도 없으니까 빨리 나와!"

존은 주위를 조심스럽게 둘러보며 마아틴의 응답을 기다렸다.

"존, 지금은 안 되겠어. 이삼 일 잠잠해질 때까지 여기 이대로 있고 싶어?"

"그렇지만 가스 검침원이 검침을 하러 왔다가, 푸른광선을 보게 되면 틀림없이 서비스차를 부를 텐데. 그렇게 되면 무사할 것 같니?!"

"그렇구나. 그럼 탈출을 해야겠는데……. 무슨 조그만 깡통 같은 거 없을까?"

"무엇에 쓰려고"

"푸른 광선 그대로 그 속에 숨어들어야지. 안 그러면 사람들 눈에 띌 거 아냐."

주위를 살펴보았으나 깡통 같은 게 있을 리 없었다.

캐시가 손에 들고 있던 갈색의 종이 봉지를 내밀었다.

"유령의 집 이층 한구석에 먹다 남긴 비스켓 봉지가 있더라. 혹시나 해서 들고 나온 건데, 이건 안 될까?"

"그거라도 좋아. 주둥이를 크게 벌리고 있어 줘. 자, 그럼 들어간다. 하나, 둘, 셋……."

주위는 이미 어둠이 내리고 있었다. 마틴의 빛이 들어간 종이 봉지를 든 캐시의 손은 형광등을 쥔 것처럼 푸른 빛을 내뿜는 꼴이었다. 존은 두려움에 몸을 떨었다.

"캐시, 어서 가자!"

두 사람은 마치 범죄 현장에서 도망치는 범인처럼 두근거리는 가슴으로 밖으로 빠져나왔다. 조마조마하며 가까스로 울무울의 공원에 도착한 존과 캐시는 가슴을 쓸어내리며 숲 속으로 들어가 봉지를 열었다. 희푸른 광선이 곧장 튀어나와 확 빛나는 순간 마아틴의 모습이 살아났다.

"존, 캐시! 너희들 덕분에 살았다. 정말 고마워."

존과 캐시는 마치 굉장한 마술을 구경하고 난 기분이었다.

마틴은 잿빛의 셔츠 밑에 손을 넣더니 차곡차곡 갠 푸른빛 셔츠를 내밀었다.

"존, 네 셔츠야. 찾아온다고 약속했었잖아."

"그래서 건조실에 뛰어들어갔었구나. 그렇게까지 안해도 될 것을……."

존은 몹시 반가웠다. 셔츠 값을 제한다면 다음 달 용돈은 사실 쓸게 없었기 때문이다.

"그럼 내일 다시 만나자. 난 좀 자야겠어. 이틀밤이나 잠을 못 잤거든."

"마틴, 잠깐만!"

존은 보호소에서 만났던 교수 얘기를 하고, 어쩌면 오늘밤이라도 나타날지 모르니 주의하라고 일렀다.

"진찰을 받을 때, 옆방에서 몰래 나를 살피던 사람이다. 걱정 마, 조심할게."

마틴은 지친 걸음걸이로 유령의 집으로 걸어들어갔다.

"과연 마틴은 초능력의 주인공이다. 푸른 광선이 되기도 하고, 종이 봉지 속으로 들어가기도 하고, 옆방에서 일어나는 일까지 알다니 말야."

"존, 난 무서워. 앞으로 만약 마틴에게 무슨 일이 생긴다면 마틴의 별나라에서 가만 있겠니? 비행접시가 올 때까지만이라도 제발 별 일 없었으면 좋으련만……"

다음날 오후, 존은 문제의 그 교수가 찾아왔는지 궁금해서 유령의 집에 가보았다. 마틴은 기다리고 있었다는 듯 묻기도 전에 방문객이 있었다고 말문을 열었다.

"그 교수가 왔었어. 경찰 한 사람과 조교인 듯한 사람을 데리고. 나는 미리 푸른 광선으로 환기통 속에 숨어 있었지."

"그래, 잘했어. 그 사람들, 방에까지 올라왔었니?"

"응. 살금살금 들어와서는 구석구석 살피던걸. 아주 끈질기게 말야."

"그리곤?"

"경찰이 '박사님, 그 소녀은 여기 없는 것 같군요. 다른 빈집을 찾아보는 게 어떨까요?' 하고 말해도, 교수는 쉽게 단념하지 않고 계속 찾기를 고집했어. 들킬까봐 가슴을 조였지 뭐야. 겨우 방금 전에야 돌아갔단다."

마틴에게 위험이 다가오고 있음을 느꼈다. 마음이 급했다. 한시바삐 이곳을 떠나지 않으면 또 어떤 일이 일어날지 불안했다. 우선 마틴의 비스켓을 챙기게 하고, 캐시와 의논을 했으나 좋은 생각이 떠오르지 않자, 루크에게 전화를 걸어 보았다.

"존, 만나서 얘기 하자. 울무울의 그린컵 제과점으로 나갈게."

울무울로 향하는 도중 공원을 지나는데, 전날 마틴의 도움을 받았던 노인이 언제나처럼 쓸쓸한 모습으로 벤치에 앉아 있었다.

"안녕하세요."

하고 인사를 하자, 노인도 눈 인사를 보내왔다.

"저 할아버지 눈에서 푸른 빛이 번쩍이지 않았니?"

"글쎄, 난 모르겠는데. 캐시, 네 기분이 그런 거 아니니?"

캐시는 계속 고개를 갸우뚱거렸다.

그린컵에는 루크가 먼저 와 기다리고 있었다. 세사람은 머리를 맞대고 비행접시가 올 때까지 마틴을 숨길 장소에 대해 궁리를 거듭했다.

"어디가 좋을까? 아참, SD통신의 에번스 씨에게 도움을 청해 보면 어떨까?"

"존, 그건 안돼!"

"루크, 왜 그래? 좋은 방법을 내놓을 것 같은데."

"어제 그의 집으로 전화를 걸어 보았었어. 신호는 가는데 받지를 않길래 SD통신사로 다시 걸어보았지. 그런데 에번스라는 사람은 없다는거야."

"어머나! 좀 이상하잖니!"

캐시와 존은 바짝 긴장했다. 마틴은 태평스레 꾸벅꾸벅 졸고 있었다. 어둠침침한 곳에서 푸른 광선으로 빛을 발하며. 밖은 벌써 어둠이 깔리고 있었다. 그린컵의 네온사인이 아름답게 번득이며 빛나고 있는 광경을 무심히 바라보던 존은 번뜩 좋은 생각이 떠올랐는지 손뼉을 탁! 쳤다.

"됐다! 마틴, 저 네온사인 간판 속에 숨는거다. 네 몸이 빛을 발해도 같은 불빛이니 표가 나겠니?"

"존, 멋진 아이디어다! 그런데, 저 가게가 문을 닫을 때 네온등도 끄는 건 아닐까?"

"그건 걱정없어. 저기, 철야 영업, 연중무휴라고 써있잖아. 말하자면 이 네온사인은 장사를 하기 위해 밤새도록 켜 있는 거다. 어때, 마틴. 멋진 장소지?"

"그래, 난 아무데나 좋아."

"그럼 됐다. 내일 학교 가기 전 7시쯤 형편을 살피러 올 테니까 그 시간쯤 네온사인에서 내려와 버스 정류장에 서 있어."

마틴은 몹시 졸리 듯 푸른 빛을 내더니 그대로 쑤욱 날아올라 커다란 빵모양의 네온사인 속으로 들어가 버렸다. 역시 마아틴의 생명의 빛은 전혀 표가 나지 않았다.

"마틴이 잠을 자다가 감전이라도 되면 어쩌지……?"

캐시가 걱정이 되는 듯 자꾸 뒤돌아보았다.

이튿날, 약속한 시간보다 조금 이른 시각에 그린컵에 도착한 존은 깜짝 놀랐다. 마틴이 버스 정류장에서 문제의 그 교수와 뭔가 얘기를 나누고 있었던 것이다. 교수는 존에게 흘낏 눈길을 던지더니 바쁜 일이 있는 듯이 가 버렸다.

"마틴, 무슨 얘길 했니?"

"사실은 그 교수, 어제부터 우리의 뒤를 쫓고 있었던가 봐. 네온사인 속에 내가 숨는 것을 보고는 이 근처에서 밤새도록 기다린거래. 아침에 이리 나오니까, 그 교수가 불쑥 나타났어."

"그리곤?"

"너, 혹성에서 왔지? 하고 물었어."

"그래서, 바른대로 말했니?"

"응, 그렇다고 하니까, 돌아갈 비행접시는 언제 도착하느냐고 물었어. 돌아오는 일요일 오후 8시라고 하니까, 그 여자가 한 말과 같다고 중얼거리더니 그냥 가 버렸어."

"마틴, 넌 우리들의 진심을 너무 모르는구나. 아무튼 여기 있다가는 체포되는 건 시간 문제야. 그 사람, 경찰 정보원일 수도 있단 말야."

캐시가 막 도착해서, 방금 전에 있었던 일을 설명 듣고는 의견을 내놓았다.

"어떻든 한 곳에 있으면 위험하겠어. 교통 기관을 이용해 보는 건 어떨까?"

"교통기관 이라면?"

"버스, 택시, 비행기……. 지하철이 어떨까? 하루 종일이라도 타고 다닐 수 있잖아."

"캐시, 그게 좋겠다! 회수권 한 장이면 되는 거야."

일행은 곧 가까운 지하철역에서 지하철을 탔다. 마틴은 열차 안을 두리번거리며 내내 흥미로워했다.

"세인트 제임스역이다, 여기서 내리는거다."

"존, 왜 여기서 내리는 거니? 차 안에 경찰이라도 타고 있었니?"

"갑자기 훌륭한 피신처가 떠올랐어. 캐시, 3년 전엔가 이 세인튼 제임스역에서 갈려나간 선이 폐쇄된 거 알고 있니?"

"응, 식물원으로 가는 전철이었지."

"그래, 식물원행 직행 버스가 생기자 승객이 줄어들어 그 선을 폐쇄해 버렸었어. 지금은 아무도 들어가지 않는 터널만 남아 있지."

"존, 마아틴을 그 터널 속에 숨기자는거구나.!"

"그래. 내 생각이 어때?!"

"너무 근사하다!"

망설일 것이 없었다. 폼 끝으로 달려가자, 식물원행 안내 표지가 흐릿하게 붙어 있는 저쪽으로 목책이 세워져 있었다. 일행은 누가 볼세라 재빨리 목책을 넘어 들어갔다.

3년 전까지만 해도 많은 사람들로 붐비던 데건만 영화롭던

사람의 몰락한 뒤처럼 쓸쓸하기만 했다.

선로 자리엔 배수구의 물기가 조금 보일 뿐, 저 안쪽으로 어두운 터널이 시커먼 입을 벌리고 있었다. 여기저기 열차의 몸체로 보이는 부서진 쇠붙이가 뒹굴고 있는 것이 창고로 쓰이고 있는 듯했다.

"마틴, 미안하지만 여기서 이틀 밤만 지내 줘. 물론 날마다 우리가 찾아올게."

존은 만일의 경우를 생각해서 마틴에게 가지고 있던 전철 정액권을 주고 불안한 채로 학교로 가지 않으면 안 되었다.

혹성 B62의 비행 접시

토요일. 학교도 쉬고, 존의 아버지 아담스 씨도 회사를 쉬는 날이었다. 차를 마시며 신문을 펼친 아담스씨는 갑자기 큰 소리로 말했다.

"야아, 이거 굉장한 뉴스인걸!"

비밀을 가지게 된 존은 지레 깜짝 놀랐다.

"아버지, 세인트 클리어 청소년 보호소에 나타난 우주인에 관한 거예요?"

"존, 지금 뭐랬니? 우주인이 나타났다고?"

"아, 아녜요."

"존, 너 요새 좀 이상하다? 어제 네 방을 치우다 보니 초록색 셔츠가 있던데, 그건 바닷가에서 도둑맞았다고 하지 않았니?"
"허둥대는 존을 보고 어머니도 한 마디 했다."
"이것 봐. 시드니 항구 밖 바다에서 긴급 대 합동 연습이라니? 이거 수상한 냄새가 나는걸. 당신 생각은 어때?"
"여보, 아이들과 얘기할 때는 방해하지 말아야죠."
"하지만 이건 중대한 사건이야. 국제 문제인데. 당신도 알아야지."
"그럴 필요가 있나요?"
"이걸 봐요. 어찌 세기의 대사건이 아니겠어?"
아버지가 가리키는 신문 한 곳의 기사를 어머니가 소리내어 읽었다.
"국제연합안전보장이사회는 지난 밤 긴급 이사회를 열고, 시드니 항구 밖 바다에서 각국의 해군과 공군에 의한 임시 대 연습을 행하기로 결정했다. 참가국은 미국, 영국, 프랑스, 한국 등 아세아의 여러 나라, 또한 오스트레일리아의 정예 부대이다. 그 일부는 시드니 남쪽 바다로 긴급 출동중이다. 다음 일요일에는 연합국의 군함과 미사일 비행기가 정해진 지점에 도착할 예정이다……."
어머니는 신문에서 눈을 떼며 대수롭지 않은 듯 말했다.
"어디까지나 연습 아녜요? 지레짐작할 건 없을 것 같은데요."

"이런 뉴스는 활자 뒤에 비밀의 진상이 있는거요. 평소에 삐걱거리던 여러 나라가 일시에 모인다는 건 안보리가 중대하고 위험한 뉴스를 접했기 때문이요."

"좀 구체적으로 설명해 보세요. 이를 테면 어떤……."

"말하자면, 오스트레일리아 유사 이래 최초의 위험이 닥쳐와 있는 것이라고 할까?"

"어떤 나라에서 이 시드니를 침략한다는 뜻인가요? 도대체 어떤 나라에서요?"

어머니가 겁먹은 표정으로 물었다.

"지금 이 지구상에 남의 나라를 침략하려는 나라가 어디 있겠소!"

"그럼 다른 혹

성으로부터 침략이란 말인가요?"

"그래요. 그렇게밖에 생각할 수 없지 않겠소?"

"그런 예상은 대체로 빗나갔었어요. 지금까지의 경우를 보면. 아휴, 난 또……."

어머니가 안심했다는 듯 주방으로 들어가자, 존은 새로운 걱정에 가슴이 두근거렸다.

안전보장이사회에서 긴급 출동 명령을 내린 것은 그 교수가 마아틴의 일에 관련해서 보고를 한 때문이리라. 일요일 저녁 8시에 다른 혹성에서 비행접시가 이 지구에 온다고. 연합팀은 비행접시가 나타나면 즉시 격추시켜 버릴 것이다. 큰 일이 아닐 수 없다. 그렇게 되면 마아틴의 혹성에서는 하루아침에 지구를 가루로 만들어 버릴지도 모른다.

"오오! 이를 어쩐담!"

도무지 좀이 쑤셔 엉덩이를 붙이고 앉아 있을 수가 없었다. 과학원에 가서 혹성으로부터의 공격이 가능한 일인지 알아봐야겠다고 말하고 존은 총알같이 집을 뛰쳐나왔다.

세인트 제임스역에 도착한 존은 어둑한 터널을 향해 낮은 소리로 마틴을 불렀다.

눈을 비비며 나타난 마틴은 몹시 고단한 듯했다.

"마틴, 무슨 일이야? 몹시 피곤해 보이는데……."

"아무 일 없었어. 참, 이걸 돌려줘야지."

마틴은 지하철 정액권을 존에게 내밀었다.

"마틴! 너 이 전철표로 시드니 시내를 돌아다닌거니?"

"응, 미안해. 전철표를 많이 써서 말야."

"그거야 무슨 상관이니 위험하지 않았어?"

"응, 정말 재미있었어."

"어제 오후에 못 올 사정이 좀 있었어. 미안해. 그래 어디 어디 돌아다녔니?"

"차창에서 바라보니까, 멋진 숲과 공원이 보여서 내렸었어."

"응, 하이드파크에 갔었구나. 그 다음엔?"

"10미터 높이로 분수를 뿜어올리는 걸 구경했지. 거기서 누런 피부의 남자가 내 사진을 정면으로 여러 장 찍었어."

"누런 피부라면 아시아 사람일거야. 그 사람 비밀 첩보원 같지 않던? 스파이 말야."

"평범한 여행자였어."

"진짜 스파이라면 사진도 몰래 찍었겠지. 뭐 다른 수상한 사람은 없었어?"

"응 대신 옛친구를 만났어."

"옛친구라니 누구?"

"왜 있잖아 경찰서에서 우리를 위기에서 구해준 사람 말이야. 전철에 앉아 있는데, 그 사람이 들어와서는 바로 내 앞자리에 앉는거야."

"뭐야! 그 사람한테 직통으로 들켰구나. 그래, 무슨 얘길 했는데?"

"지구엔 언제까지 있을 거냐구 묻길래, 바른대로 대답해 줬어."

"바보같이 고지식하긴. 너 잘 들어둬. 그 사람 자기말로는 SD통신 기자라고 하는데, 그건 새빨간 거짓말이었어. 어쩌면 그 사람, 안보리의 비밀 첩보원인지도 몰라."

"하하하…….아냐, 아냐, 그건 오해야 너한테만 털어놓겠는데, 그 사람 그렇게 대단한 사람 아냐. 그 사람 말야……."

얘기를 더 이상 들으려 하지 않고 존은 답답하다는 듯 소리를 버럭 질렀다.

"마틴! 지금 무슨 일이 벌어지고 있는지 알기나 해? 아주 심각한 사태가 벌어지고 있단 말야. 내일 네가 타고 갈 비행접시가 나타나면 지구의 해군과 공군연합군이 즉시 격추시킬 만반의 준비를 갖추고 있단 말야. 알겠어!?"

마틴의 안색이 대번에 싹 달라졌다.

"뭐, 뭐라고?! 비행접시를…….? 그래, 지구에서는 어떤 병기로 공격하는 거냐?"

"글쎄, 잘은 모르지만 처음엔 로켓탄으로 시작하겠지. 그

러다가 막판에 미사일 살인레이저 광선으로 공격할지도 몰라."

그러자, 마틴은 안심했다는 듯 가슴을 쓸어내렸다.

"그 정도 병기는 우리 별에서는 이미 고대 박물관에서나 볼 수 있는 것들이야. 병기 수준이 그 정도라면 안심이다. 비행접시를 잘못 공격했다간 오히려 거꾸로 공격한 측이 전멸될 수도 있어."

이번에 존의 안색이 하얗게 변했다.

"마틴, 부탁이야. 지금 곧 비행접시에 연락을 해서, 지구연합군과 전쟁이 일어나지 않도록 네가 나서줘."

"알았어. 지금은 안 되고, 오늘밤 꼭 연락할 테니 안심해. 이제 지구에 있을 시간은 하루 남짓밖에 안 남았는데, 오늘은 어디로 안내할래?"

마틴의 태평스런 태도에 일단 마음이 놓였다.

시드니의 민속박물관과 오페라하우스, 미술관 등을 관람하는 동안 마틴은 어디서나 흥미를 보였으며, 다행히 별탈없이 관람을 마칠 수 있었다. 제임스역에서 마틴과 헤어져 집에 돌아오니, 아버지가 기다리고 있었던 듯 존이 들어서자마자 물었다.

"존, 과학원에서는 뭐라든? 혹성에서 침략해 올 것으로 믿더냐?"

잠시 어리둥절하던 존은 곧 아침의 일을 떠올렸다.

"이렇게 말하던데요. 몇천 광년이나 떨어진 머나먼 혹성에서 이 지구까지 날아온다면, 그들의 과학수준은 지구보다 몇 천 년 앞서 있다는 걸 알 수 있다구요."

"흠, 우리 인간은 아직 화성에도 못 갔으니까 말이지."

"그런 방문객은 지구의 어떤 군대가 공격한다 해도 상대도 하지 않을 거라고도 했어요. 마치 코끼리 몸통에 파리 한 마리 들러붙는 꼴과 같다구요."

우주인 마틴의 얘기를 바탕으로 한 얘기라 훌륭한 대답이 된 셈이었다.

"아주 대단한 머리다! 그렇게 말한 과학자 이름이 뭐냐?"

"저어……. 박사님이라고 했는데……. 다른 건 몰라요."

마침내 D데이의 일요일.

제트기의 폭음과 함께 날이 밝았다. 존은 무슨 핑계를 대고 빠져나가나 초조해하고 있는데, 때마침 캐시한테서 전화가 걸려왔다.

"존, 기어코 최후의 날이 오고 말았지! 루크와 데이비드도 부르는게 어떨까?"

"좋겠지. 그런데, 잠깐 기다려 봐. 어머니께 허락을 아직 안 받아서……."

어머니는 웬일인지 쉽게 허락해 주시며, 주의를 주었다.

"친구들과 만나는 건 좋지만, 오늘은 바다에 가지마라. 위험하다.”

존은 세인트 제임스역에서 만나기로 캐시와 약속을 하고, 남아 있는 용돈을 모두 털어 가지고 집을 나섰다. 확실히 오늘은 시드니 항구 밖 바다는 위험할 것이다. 더구나 위험을 크게 폭발시킬 핵인 마틴과 동행이라면 더욱 위험하지 않은가!

“하느님, 아무쪼록 오늘 하루 무사히 끝나도록 도와주십시오.”

마틴은 비스켓을 우물거리면서 친구들을 맞았다.

“존, 캐시! 어서 와. 비스켓은 이제 딱 한 개가 남았을 뿐이야. 오늘밤 돌아가지 않으면 난 굶어죽게 되는거야. 그런데, 오늘은 어딜 갈 거니?”

“지구에서의 마지막 날이니까 네가 가보고 싶은 곳이 있으면 말해 봐.”

“그럼, 지난번에 갔던 동물원에 가자.”

“또 코끼리랑 표범들이 으르렁거리는 꼴을 보고 싶단 말이니?”

“사실은 으르렁대는 게 아니라, 나를 환영해 주는 소리란다.”

텔레파시로 사물과 통하고 있는 마아틴도 동물들의 눈에

자기가 수상해 보인다는 건 모르는 모양이었다.

지난번처럼 울무울에서 연락선을 탔다. 바다에는 어머니가 걱정한 대로 해군함정들이 끊임없이 오가고 있었다. 존은 어머니의 주의에도 불구하고 바다로 나온 것이 마음에 걸렸다.

연락선 갑판 난간에 기대어 주위의 경치를 둘러보던 마아틴은 육지와 다리로 이어져 있는 섬이 보이자, 뭐냐고 물었다.

"가든 섬이라고 해."

"아, 저게 가든 섬이야?"

"알고 있었니? 근데 왜"

"응, 오늘 아침 일찍 비행접시로부터 연락이 왔었는데, 8시경 예정 대로 가든 섬과 육지를 잇는 다리 근처 바다에 내린다고 했거든."

"뭐야? 왜 그런 중요한 얘길 이제야 하는거니? 너도 보았겠지만 이 근처엔 지금 해군 함정이 쫙 깔려 있지 않니. 그 가운데 내린다면 범고래가 먹이를 채듯 일제히 몰려들 거다."

"그래도 상관없어. 우리 비행접시는 그 속을 휙휙 빠져나갈 테니까."

"그렇다 하더라도 넌 오늘밤 가든 섬까지 어떻게 갈 작정

LION

이니?"

"글쎄, 보트로 갈까? 존, 네가 데려다 주지 않겠니?"

"그건 당연히 그래야지. 그런데 혹시 우리들까지 물귀신이 되는 거 아니니?"

"걱정 마. 너희들의 안전은 내가 보장한다.!"

자신만만한 마틴의 태도에 별의 우수한 과학의 힘을 믿기로 했다.

동물원은 여전히 많은 사람들로 붐비고 있었다. 그리고 맹수들도 지난번과 다름없이 마틴을 적대시하며 으르렁거렸다.

오후 2시. 세 사람은 울무울의 부두로 돌아왔다.

"야, 우리 이제 그만 돌아다니고 공원 벤치에서 좀 쉬자."

"그런데 존, 잠시 다녀올 데가 있어."

"뭐야? 이 위험한 때에 어딜 말이냐?"

"아침부터 설쳤더니 좀 피곤하거든. 유령의 집 난로 안에서 잠깐 눈을 붙일까 해서. 그리고……. 사실은 거기에 귀중한 걸 두고 왔거든……."

"지금 그곳엔 정보원과 경찰이 쫙 깔려 있을 텐데? 나랑 같이 가보자."

캐시가 위험하다고 말리자, 마틴은 연줄이 끊어진 연처럼 한달음에 달려가 버렸다.

존은 루크와 데이비드, 그리고 엘리자베드에게도 전화를 걸어 마아틴의 귀향 소식을 알렸다. 친구들은 모두 오후 7시 반까지 울무울의 부두로 나와 혹성으로 돌아가는 마틴을 배웅하기로 약속했다. 존은 전세 보트점에 가서, 7시에서 9시까지 두 시간을 쓰기로 보트를 예약했다.

바다와 항구는 서치라이트로 인해 대낮처럼 밝았으나, 적의 공격에 대비하기 직전의 긴장감이 감돌고 있었다.

"존, 큰일났어!"

셔터문을 내린 상점의 처마 밑에서 캐시가 뛰어나와 존의 손을 잡아끌었다.

"벌써 와 있었니? 근데, 무슨 일이니?"

"글쎄, 저길 봐!"

부두 끝쪽을 바라본 존은 저도 모르게 "앗!"하고 외마디 소리를 질렀다. 서치라이트 불빛에 네 사람의 그림자가 드러나 보였는데, 그것이 어쩌면! 고양이 할멈과 레이스 모자의 소매치기 여자, SD통신의 기자, 그리고 공원의 벤치에서 자주 보았던 그 노인이 아닌가! 이게 어찌된 일인가?!

"내가 여기에 도착한 시각이 6시 반이었는데, 그때 벌써 저 사람들은 와 있었어."

루크가 존의 귀에 대고 속삭였다.

"루크, 저 사람들은 모두 마틴과 한 번씩은 관계가 있었어. 그런데 이 중요한 시각에 왜 여기에 나타난 거지? 정말 이상하다?"

"저 사람들 모두 수상했었어. 혹시 스파이 아닐까? 아니면 우주인 마틴을 볼모로 잡아서 몸값을 뜯어내려는 악당의 끄나풀인지도 몰라."

"마틴이 돌아온다고 한 7시 30분까지는 40분 정도가 남았어. 어떻든 우리들 힘으로 마틴을 지키지 않으면 안 돼. 우선 우리 남자 셋이서 저 사람들에게 접근해서 유도 심문을 해보자."

"알았어. 존"

존과 루크, 데이비드는 수상한 사람들에게로 다가갔다.

"여어!"

SD통신의 에반스 씨가 먼저 알아보고 소리를 질렀다. 고양이 할멈도 허연 이빨을 드러내고 웃고, 레이스 모자도 수수께끼 같은 미소를 짓고 있었다. 노인은 허리를 바로세우며 자세를 고쳤다.

"도대체 거기서 뭣들을 하고 있는 거죠?"

"마틴을 기다리고 있는거다."

"마틴은 8시에 비행접시를 타고 그의 혹성으로 돌아갑니다. 혹시 딴 생각을 품고 있다면 부탁입니다. 방해하지 말아 주세요."

존이 눈을 똑바로 뜨고 말하자, 고양이 할멈이 앞으로 나섰다.

"방해를 할 까닭이 있겠니? 우리도 같이 타고 고향별로 돌아갈 건데……."

존은 제 귀를 의심했다.

"뭐라고요?! 그럼 당신들도 마틴과 같은 우주인이란 말인가요?"

"그렇단다. 아암!"

존은 뜻밖의 상황에 놀란 입을 다물지 못했다. 눈앞의 부옇던 안개가 거치는 느낌이었다. 이 기묘한 네 사람이 그렇다면 번번이 일어났던 수수께끼의 일들이 이해가 되었던 것이다. 이들 모두 지구인의 상식으로는 이해할 수 없는 행동들이었다.

"그럼, 같은 별에서 왔다면서 왜 처음 보았을 때 서로 알아보지 못했나요?" 존이 새로운 의문을 제기하자, 노인이 나서서 대답했다.

"우리는 3년에 걸쳐 각기 한 사람씩 따로따로 지구에 온 거다. 지구도착 즉시 우리는 자동적으로 지구인 모습으로 변신하게 되어 있지. 그래서 우리끼리 처음 만났을 땐 지구인으로만 알다가, 두세 번 부딪치면서 은연중에 알게 되는 거야. 우리 다섯 사람도 곧 같은 혹성인이란 걸 알았지만, 서로 친해질 시간은 없었지. 그러던 것이 우리 별나라 여행사 사정으로 오늘밤 같은 비행접시를 타게 된 거란다."

"아아! 그랬군요!"

존은 비로소 이해한 듯이 끄덕이며 네 사람을 물끄러미 바라보았다. 우주인다운 데는 눈을 씻고 볼래야 찾아볼 수 없었다. 루크도 같은 기분이었던지 에번스 씨에게 물었다.

"에번스 씨, 또 다른 혹성인이 지구인과 같은 모습으로 지구에 남아 있나요?"

"으음, 아마 열 명쯤 있을거야. 하지만 한 번 만나보는 정도로는 알아보기 어렵지."

존은 청소년 보호소에서 만났던 교수의 빈틈없는 눈초리를 생각했다.

"그 검은 양복의 교수라는 사람도 같은 우주인인가요?"

네 사람은 일제히 손을 내저었다.

"그 사람은 아냐. 그러나 방심할 수 없는 사람이야. 우리의 정체에 대해 가장 빨리 알아냈거든."

"그 사람 열흘 전에도 나를 붙들고 여러 가지 얘기를 물었어요. 그리고 여기 오기 전에 고양이들에게 작별을 하려고 그 빈 집에 갔더니, 그 사람이 어슬렁거리고 있었어. 어쩌면 마틴을 붙들고 얘길 하고 있는게 아닐까? 난 좀 걱정이 되는데……."

고양이 할멈이 걱정스러운 듯 미간을 찌푸리자, 존은 갑자기 생각이 미친 듯 루크의 팔을 잡고 흔들었다.

캐시까지 따라나서자, 존은 데이비드와 엘리자베드에게 보트를 준비하도록 부탁하고는, 유령의 집을 향해 달리기 시작했다.

유령의 집 이층에는 전에 없이 전등이 훤히 켜져 있었다.

"그 교수가 있나봐"

존은 루크와 캐시를 아래층에서 기다리게 하고 발소리를 죽이며 낡아빠진 베란다의 층계를 올라갔다.

입구에서 들여다보니 앉아 있는 교수의 등이 보였다.

역시 마틴과 마주 앉아서 무슨 얘기인가를 주고 받고 있었다. 존은 귀를 기울였다.

"교수님, 거듭 말씀드리지만 지구인의 상상력은 한계가 있고, 신경 조직도 거칠어서 우리 우주인의 참모습을 보지 못

하는 겁니다."

"그러니까 이렇게 거듭 청하는 거 아닙니까?"

교수는 마치 웃사람을 대하듯 정중한 말씨로 쓰고 있었다.

“앞으로 한 달 동안만 지구에 머물러 주세요.”

“그건 안 됩니다. 제 식량이 단 하루 치 밖에 안 남았어요.”

“그걸 주시면 식품 연구소에서 성분 분석을 하여, 같은 성분의 것을 만들어 드리겠습니다. 스미드 씨, 만일 당신이 지구인을 이해하고 싶다면 지구의 음식을 먹어야 합니다. 같은 음식을 먹음으로써만이 우정도 두터워지고 벽도 허물어지는 게 아닐까요?”

“교수님, 어떤 음식을 좋아하느냐 하는 것은 그 사람의 기호에 따라 다릅니다. 지구의 음식을 안 먹는다고 저를 나무라는 것은 교수님의 억지입니다. 같은 음식을 먹지 않아도 서로 통할 수 있습니다. 존, 캐시, 루크, 데이비드, 엘리자베드, 이 다섯 친구들은 모두 위험을 무릅쓰고 저를 보호했고, 저의 비밀을 지켜주었습니다. 저는 이 친구들의 우정을 영원히 잊지 못할 것입니다.”

존은 가슴이 뭉클했다. 말로 표현하진 않았지만 마틴은 친구들에게 마음으로 고마워하고 있었던 것이다.

“교수님, 저는 이제 출발해야 합니다.”

마틴이 홱 돌아서서 선반 위에 놓여 있던 봉투를 집어들고 나서자, 교수는 아쉬운 듯 간절한 눈빛이었다.

"정말 이대로……."

"그렇습니다. 교수님."

교수는 무슨 생각을 했는지 자기의 오른쪽 눈을 손가락으로 가리켰다.

"마틴 스미드 군 내 눈을 똑바로 봐라."

마틴은 교수를 노려보았다. 10초, 20초……. 시간이 흐르면서 마틴은 무엇에 홀린 듯 교수 쪽으로 다가갔다. 눈이 흐릿해져 있었다.

'이거 큰일이다! 최면을 걸어 마틴을 붙들어 놓고 연구 자료를 삼으려는 것이다.'

교수의 계략을 눈치 챈 순간 존은 성난 사자처럼 방안으로 돌진하여 그대로 교수의 등을 들이받았다. 꽈당! "으악!"

비명을 지른 교수는 그대로 벽까지 밀려가 엉덩방아를 찧고 넘어졌다. 동시에 최면에서 깨어난 마틴은 번듯 정신을 차렸다.

"마틴, 서두르지 않으면 안 돼! 빨리!"

"좀 기다려!"

교수가 뒤에서 소리쳤다. 몸이 훨씬 무거운 교수는 층계가 낡았다는 것을 잊었는지 함부로 쿵쾅거리며 뛰어내렸다. 층계는 때를 만나 듯 우지끈! 소리를 내며, 베란다까지 무너져

내렸다. 존과 마틴이 막 땅에 발을 딛는 순간이었다.

"으아악!"

교수는 보기좋게 땅바닥에 굴러떨어졌다.

"마틴, 이때다! 빨리 빨리!"

시계는 벌써 7시 40분을 가리키고 있었다.

보트를 준비해 놓고 눈이 빠지게 기다리고 있던 친구들은 존과 마틴이 무사히 도착하자, 안도의 숨을 내쉬었다. 섭섭한 일이었으나 가든 섬까지의 배웅은 존과 데이비드만이 하게 되었다. 보트는 정원 관계상 다 탈 수가 없었기 때문이다.

"그럼 안녕……."

마틴은 캐시와 루크, 엘리자베드에게 차례로 손을 내밀어 작별의 악수를 나눴다.

캐시는 잘 가라는 인사말을 하려다 그만 엉엉 울음을 터뜨렸다.

루크가 마틴이 옆구리에 끼고 있는 봉투를 궁금해 하자, 마틴은 봉투 안에서 캐시가 선물한 스케치북을 꺼냈다.

"나, 우리 별에 돌아가서도 그림 공부를 계속할 작정이다."

마틴에게 그림을 가르쳐 준 캐시는 눈물투성이 얼굴에 빙긋 웃음을 지었다.

마침내 마틴은 보트에 올라탔다. 몸이 가벼웠으므로 배가 흔들리지도 않았다.

존과 데이비드는 가든 섬을 향해 힘차게 노를 젓기 시작했다.

시드니 만의 안팎은 무장을 한 군함으로 가득 차 있었다. 대낮처럼 바다를 밝히고 있는 서치라이트 빛에 상공을 선회하는 제트기가 은빛 날치처럼 보였다.

이윽고 검고 길다란 가든 섬의 그림자가 보이기 시작했다. 육지와 이어져 있는 다리의 조명등은 바닷물에 둥근 모양으로 내비쳐 끊임없이 깜박이고 있었다.

"이제 됐다. 여기서 보트를 멈춰. 제자리서 그냥 빙빙 돌고 있으면 돼."

보트가 제자리걸음을 하기 시작하자, 머리 위에서 강한 압력이 느껴져 왔다. 뒤이어 시커먼 그림자가 도깨비같이 지나갔다.

"비행접시다! 우리 비행접시!"

마틴이 소리쳤다.

"여기 내려앉는 거냐? 파도가 일어 보트가 뒤집힐 텐데?"

"아냐, 존. 바다 위 100미터 상공에 멈춰서서 우리들을 빨아올려 줄거야."

"빨아올리다니? 이 시드니 만의 바닷물이 몽땅 빨려들어가는 건 아니니?"

진공청소기 흡입 소리 같은 소리가 들리면서 잔잔한 바람이 불었다. 뒤이어 주위가 어두컴컴해졌다. 머리 위에 검은 그림자가 뒤덮혀 있었다. 비행접시임에 분명했다.

고양이 할멈과 레이스 모자, 지구의 기록 테이프를 가슴에 드리운 통신사 기자.

이들은 공중을 향해 두 손을 쳐들고 한 사람씩 차례로 하늘로 올라가 검은 그림자 속으로 사라져 갔다.

마아틴과 존은 두 손을 마주잡고 이별의 인사를 나누었다.

"그동안 고마웠어. 존!"

"정말 섭섭하다. 가끔은 네가 보고 싶어질거야."

존은 가슴이 벅차 올라서 더 이상 아무 말도 할 수가 없었다.

마틴은 아쉬움을 남기고, 손을 흔들며 검은 그림자를 향해 공중으로 떠올라갔다. "아아, 마틴, 안녕!"

살랑거리는 바람과 함께 검은 그림자의 비행접시는 허공으로 사라졌다. 주위는 다시 밝아졌다. 서치라이트는 미친 듯이 밤하늘을 누비고 있었다.

"모든 것이 꿈을 꾼 것만 같다……."

보트가 흔들리며 물보라가 일었다. 잠시 멍하니 앉아 있던 존과 데이비드는 울무울을 향해 힘차게 노를 젓기 시작했다.

그 시간, 시드니 만 상공을 돌고 있던 제트기에서는 대연습 본부에 무전을 타전하고 있었다.

“시드니 만 상공에서 상승중인 정체불명의 유성 같은 물체 포착. 연료가 부족해서 더 이상 추적이 불가능…….”

우주소년 마틴

2010년 7월 5일 인쇄
2010년 7월 10일 발행
엮은이 대한과학진흥회
펴낸이 신 주 황
펴낸곳 스완미디어
등록 제2-4534호
주소 중구 만리동2가 12-33 태영빌딩
대표전화 02) 393-0026
팩스 02) 312-8349

ISBN 978-89-92565-13-4

값 8,500원
※ 잘못 만들어진 책은 구입하신 곳에서 바꾸어 드립니다